ドン・キホーテ流
観光立国への挑戦

―激安の殿堂が切り拓くアジア観光交流圏という大市場―

中村好明
Nakamura
Yoshiaki

メディア総合研究所

刊行によせて

１９７２年9月、田中角栄首相（当時）が訪中して周恩来首相（当時）との間で日中首脳会談が実現し、「日中共同声明」が発表され、これをもって日中間の不正常な状態が終結した（詳しくは第5章２７６ページ参照）。

それゆえ今年２０１２年は、そこから数えてまさしく40周年という節目の記念すべき年である。この２０１２年には、「日中国交正常化40周年」の記念行事が、９月以前に日中双方で実施され、９月以降にも多数予定されていた。そして、中国からの訪日観光客は、今年の７月に単月での過去最高（20・４万人）を記録し、単月ながら韓国を抜いて、訪日客の国別ランキングで１位になっていた。

しかし残念なことに、２０１０年９月７日に起きた尖閣諸島での中国漁船衝突事件に端を発した、いわゆる「尖閣諸島問題」が、２０１２年の８月16日、香港の活動家の尖閣諸島の魚釣島への上陸事件によって再燃してしまった。さらにその翌月、２０１２年９月11日には、今度は日本政府側が尖閣諸島の魚釣島、北小島、南小島の３島を国有化し、これに反発して中国各地で破壊・略奪行為を伴った過激な反日デモが繰り広げられた。

こうしたいきさつにより、２０１０年の秋以降に続き、２０１２年の9月以降、中国からの訪日旅行、日本からの訪中旅行ともに、キャンセルがあいつぎ、日中間の観光市場は大きく後退を余儀なくされた。「日中国交正常化40周年」の記念行事の大部分が取りやめになったり、規模を縮小したり、延期を余儀なくされたりした（それでも、日中双方の関係者による必死の努力によって、数々の障害を乗り越えて実行されている行事も少なくない）。

韓国でも、２０１２年の8月10日に韓国の李明博大統領が、突如現職大統領として初めて「竹島」を訪問したことから、日韓の政治的緊張が改めてクローズアップされ、両国間の国際観光交流に少なからぬ影響が出ている。ようやく復興のきざしが見えてきた韓国からの訪日旅行市場は、またもや水を差される形となった。

私は、このあとの「まえがき」にも書いているとおり、今年の春、この本の出版元であるメディア総合研究所から、執筆依頼をいただき、その直後に本文の執筆にとりかかり、7月末にはほとんど全部をすでに書き上げていた。そして8月初旬に脱稿し、いよいよ出版の準備に入った矢先、今回の尖閣と竹島の問題が急浮上し、当社ドン・キホーテを含め、盛り上がっていた訪日観光（インバウンド）市場全体がにわかに混乱する状況に陥ったのだ。

しかし、こうした一連の国家間の騒動の後、改めて自らの原稿を読み直してみたが、この本の内容や、その理念を大きく書き換える必要性はまったく感じなかった。もちろん、状況の変化に合わせてピンポイントで多少の補足を行った部分はあったが、この本で自分が読者の皆さんに伝えたい中身を修正する必要性は、何ひとつ感じなかった。

すでに、日・中・韓の三国は、貿易や経済だけでなく、文化・スポーツ交流、観光交流、留学等によって国民レベルで密接な関係が実現している。互いに互いが無くてはならない関係なのだ。もちろん歴史問題もあり、日・中・韓の間では、その関係がつねに政治的摩擦によって大きく翻弄され、左右されることが多いのも事実である。

しかし従来と違うのは、フェイスブック、微博（ウェイボー）などのSNSやブログによって、この三カ国の国民をはじめ、全世界の市民はすでにリアルタイムで相互に深い情報交換を行っている。また、訪日旅行も個人旅行（FIT）化が進み、中国人向けの個人観光マルチビザの発給も2011年から始まっている。各国民は、すでに国家レベルとは別の次元で深く交流しているのだ。

国際関係は、すでに各国の政治指導層だけのものではなくなっている。今後のインバウンドは、団体旅行メインでは厳しくなるだろう。時代が大きく変わってきている。
１９７２年に始まった日中国交正常化からの40年間、１９６５年に始まった日韓国交正常化からの47年間の、日中そして日韓それぞれに積み重ねられた国民間の文化的交流の蓄積は、すでに世界市民としての連帯を始めている。そして、中国・韓国の市民レベルにおける等身大の新しい対日観と、各政府のステレオタイプな古い対日観との間には、すでに小さくないギャップが発生している。また、中国の少なからぬ人々が、２０１２年の９月に吹き荒れた、デモの名を借りた一部の暴徒による略奪や破壊などの犯罪行為を同国人として深く恥じている。

国家間においてどんな政治的な緊張状態が起こっていても、民間レベル・文化的交流レベルにおいては、つねに固い決意をもって、相手国の関係者との深いレベルでの心の交流と対話を継続する努力と覚悟が必要であると思う。中国も韓国も、日本にとってなくてはならないパートナーであり、その逆もまた真なのだ。当社ドン・キホーテは、中国・韓国へのプロモーション、両国の関係者とのコミュニケーション、ＣＳＲ（社会貢献活動）の取り組みについて、２０１２年のこの夏以降も、基本的に変更していない。

もちろん、そもそも、国際観光市場は、〝平和産業〟といわれるとおり、外的な力によって〝平和〟と〝安全〟が傷つくたびに、大きく揺さぶられる。この10年の大きな出来事を振り返るだけでも、2001年9月11日に起きた「アメリカ同時多発テロ事件」、2003年の東アジア・東南アジア地域での「新型感染症（SARS）の蔓延」、そして2008年9月15日のアメリカ合衆国の投資銀行であるリーマン・ブラザーズの破綻に端を発した世界的金融危機の「リーマンショック」などにより、国際観光市場はたえず深刻な影響を受けてきた。

それゆえ、国際観光市場、特にインバウンド市場においては、中国や韓国などの特定国からの、偏った需要だけに依存するのは、お互いにとって危険だ。インバウンドに取り組む際には、常にリスクの分散が求められる。中国／香港、韓国に加え、台湾、インド、欧米、そして6億人の大市場であるASEANなど、幅広く多様な国々から数多くの人々に訪日してもらえるようなグローバルな施策が必要である。

そもそもインバウンドだけに過度に依存すること自体が、一つのリスクであるともいえる。各国のインバウンド市場へのアプローチは怠りなく続けつつも、そして各国の関係者との息の長い交流を続けつつも、つねに国内観光市場の振興を図ることが重要だ。

「観光立国」の実現のためには、国、公的機関、自治体の関係者のみならず、われわれ民間の人間もまた常にあらゆるリスクに備え、そのリスクを最小化するための施策に対し、平時から常に真剣に取り組み、具体化しておく必要がある。今回の騒動をどう捉え、これにどう対処していくのか。われわれは、この状況への対応をとおして、さらに高次の戦略構築について早急に議論し、官民力を合わせて事態の打開を図り、早期のインバウンド市場の回復を実現していかねばならない。

そして、この機会を糧として、自らを振り返り、「ゆるぎない哲学と理念」、民民、官（公）民、官官における「すべての国内関係者間の連帯」、そしてアジアをはじめとする「各国の関係者とのより一層の信頼関係」を打ち立てていかねばならない。

私は、日本、そして中国・韓国が、ある程度の時間はかかるだろうが、いつの日にか必ずや今回の軋轢を乗り越え、東アジア全体を共に構成している掛け替えのないパートナー国家同士として自分たちを認識し合い、和解が実現すること、そしてその連帯が東アジアを越えて、やがてＡＳＥＡＮを含む「アジア・メガ観光交流圏」（本文で詳しく述べる）として結実していくことを信じている。そして、私はその実現に向けて、「観光立国」を目指すべての人々と共に、微力ながら精一杯取り組んでいきたいと心から願っている。

２０１２年10月1日

Topics

まえがき

「トラベルジャーナル」という、旅行業の業界専門の週刊誌がある。私はそこに、2011年4月から、毎月1回、主にインバウンド（訪日観光）に関する巻頭のコラムを1年半にわたって連載させていただいている。今回、メディア総合研究所の編集部から、それらの連載をまとめて一冊の本にしてみてはどうか、という嬉しいオファーをいただいた。

実際、週刊誌という性格上、毎週新しい号が発行されると、過去の号が読み直されることは稀であり、読み捨てられる。これを、残念に思っていた。また、執筆を担当している中で、ある新しい号の論旨は、以前の号の論旨を踏まえた上で読者の皆さんに訴えたい内容であったケースも多かったが、これが毎週の連載ではなく、月に一回の執筆では、難しかった。

そして、巻頭コラムという性質上、毎号1600文字という文字数の制限があった。それゆえ、どうしても伝えたいことが制約される。この制限を超えて、思いっきり、行間にある自分の思いや考えを読者の皆さんに伝えてみたかった。私自身も、一気に読み通してもらえるよう、機会があれば、いつの日か一冊の本にまとめて世に問うてみたいと願っていた。

そこで、さっそく社内に諮り、快諾をもらい、今回のタイムリーな出版が実現することになった。もちろん、月に1回の短いコラムを1年半分集めても1冊の本にまとめるにはボリュームが足りない。出版社からは、あらかじめ、連載コラムのアーカイブ的なものとあわせて、コラムに書ききれない、ドン・キホーテそのものの外国人観光客誘致のためのプロジェクトの歩み、そして、その理念についても触れて欲しい。また、観光立国の実現をめざして日々業務に取り組んでいる人々にとって、実際の役に立つような、実践可能な、具体的な戦略や戦術、情報についても新たに書き足して紹介して欲しいという要望があった。

自分自身、訪日観光PRのために、日本国内や海外の各地を飛び回っている。その際、各地でこちらから相談や質問をすることも多いが、同時に様々な立場の方々から熱心な質問や相談を受けることも実に多い。そうした方々の顔が鮮やかに浮かんだ。そして自分の中にも、いつかこれらの方々のお役に立てるような、実践的な内容をまとめてみたいという願望もあった。出版社からのリクエストは、私の願いともぴったりと合致していた。

定期異動のため今の担当に就いたばかりで、「インバウンドとは何か?」という、職務の本質を理解するだけの時間がないという国や自治体の職員の皆さん。業務命令でたまたまインバンド担当になって、何から始めていいのか困惑している民間企業の担当者の皆さん。訪日観光の潮流が、団体観光から個人旅行客（ＦＩＴ=Free Individual Travel）にシフトしつつある中で、ＦＩＴ対応策に頭を悩ませている団体客メインの旅行代理店の皆さん。こうした実に様々な人の顔が浮かんだのだ。

実際、これからの訪日市場のメイントレンドは、このＦＩＴである。この本の読者の中で、このＦＩＴという言葉を、もしまだ知らない方がいらしたら、本文へと読み進む前に、まず何よりも先に、この言葉を覚えておいていただきたい。われわれがこのＦＩＴへの対応に真剣に取り組まない限り、訪日市場が大きく拡大することは不可能だからである。

従来のように、訪日観光市場が、団体観光中心、すなわちパック旅行ばかりであれば、現地の旅行会社やガイドや添乗員との交流や価格交渉だけで済む。しかし、現地の個人が自分で訪日旅行のためのホテルや航空券の手配をして訪日するようになると、そもそも狭い概念の旅行業の仕事が少なくなる。取り扱えたとしても、売上も利益も減少する。また、どのように誘致していいか、ＰＲしていいか、どのようにもてなしていいかが分からない。個々の訪日旅行者、一人一人と向き合い、彼らに支持されるようなダイレクトなアプローチとコミュニケーションとインフラが必要なのだ。

当社〝激安の殿堂〟ドン・キホーテは、当然、セルフ中心のディスカウントストア業態である。それゆえ、もちろん団体の訪日観光客も大歓迎ではあるが、そもそも、一度に大勢の団体の訪日観光客がやって来ることを前提にしていない。ＦＩＴの個人観光客が、好きな時に、自由にやって来てもらうことを前提に、個人の訪日観光に最適化したＰＲ施策や店頭での対応が求められてきた。

われわれの外国人集客への取り組みは、歴史も浅くまだ緒についたばかりの、不十分なものでしかないが、少なくとも、このＦＩＴの分野においては、読者の皆さんの役に立つ、いくばくかの貢献ができるのではないかと、小さな自負をもっている。

当社は２００８年の７月１日にインバウンド専門の部署を立ち上げ、何も分からないところ、すなわち〝ド素人〟の段階から出発した。それゆえ、当社のインバウンドの取り組みの歴史は、今まさに新規に訪日市場に乗り出そうとしている、自治体や民間企業の皆さん、そして最近インバウンドの担当になったばかりの方々に、等身大の実例として参考にしていただけるのではないかと思う。

また、当然われわれは専門的なインバウンド事業のコンサルタントでもシンクタンクでもない。泥臭いインバウンドの現場に日々従事する実務者である。それゆえ、そうした同じく実務に携わる皆さんにとって、身近なヒントを提供できるのではないかとも思う。

当社がインバウンド市場に本格的に乗り出して、わずか2年半しか経っていない、2011年の3月にはあの大震災が勃発した。そして、皆さんがご存じのとおり、この未曽有の大災害の中で、日本のインバウンド業界全体は途方もない程の衝撃と影響を受けた。自分自身も、当社も大きな衝撃を受け、慌てふためいた。しかし、そうした混乱と混沌とした状況への対応の中で、私の考え方も、当社のインバウンドへの取り組みも大きく変化し、変貌を遂げてきた。視点や発想そのものも大きく変わった。この大震災直後からの1年有余の間の、行動と思いについては、うわべだけの外形的な事柄ではなく、その時々の思いについても具体的に述べてみた。喜怒哀楽を、ストレートに書いたつもりだ。

きっと、日本中に大震災によって、われわれ以上に大きな苦難と困難に立ち向かった多数の方々がいらっしゃることと思う。私は、そうした苦難を経験して来られたすべての皆さんとともに、大震災によって一時的に後退してしまった我が国のインバウンドを復興し、再び隆盛させていくために、価値ある思いを共有し、今後さらに多くの方々と連帯し、力を合わせていきたいと願っている。

そして、自分自身がこの4年間にわたって、この仕事に関わって来た経験をとおして感じ、また考えた、日本のインバウンドのあるべき未来、そしてそうした未来をどのようにしたら実現可能かについても、言及してみた。まだ理論というのも憚られる程度の不完全なものではあるが、今回の出版を機会として、読者の皆さんからの忌憚のない意見を伺いながら、よりよいものへと磨いていきたいと願っている。

なお、第1章から第4章は、すべて今回、新たに書き下ろしたものである。冒頭で述べた「トラベルジャーナル」のバックナンバーは、第5章にまとめて収録している。コラムに興味のある方は、まず、最初に第5章をお読みいただき、その後で、第1章に戻って読んでいただくのもいいかと思う。

今回の本は、旅行業、観光業関係者、インバウンド業界の方々に限らず、日本の未来を憂い、日本の将来の更なる繁栄を願う、幅広い読者の方々に読んでいただきたいと心から願っている。そして、観光立国を目指すすべての人々が、さらなる一歩を進める上での、ささやかな一助となることを祈念している。

第1章

日本のインバウンド市場の現実

1-1 そもそも、インバウンドって、何だろう？

アジアは数十年以上にわたって立ち止まることなく急激な経済成長を遂げてきた。特に、中国・韓国・台湾・香港・ＡＳＥＡＮ諸国をはじめとする東アジアの成長には目を見張るものがある。

アジアはまず最初に工業化が進み、世界の工場として、日本や欧米企業の生産拠点として発展した。その過程で、次第に各国の国民所得が伸び、消費市場が拡大。この消費力アップの延長線上で、アジアにそれぞれの国内旅行市場、ついで巨大な国際旅行市場が生まれたのである。

豊かになったアジアの人々が、かつての日本がそうであったように、各国の法令上の出国規制緩和、外貨持ち出し金額の緩和等も手伝って、国境を越え、異なる国の文化を享受する旅へと出かけるようになった。もちろん、観光市場が伸びているのはアジアだけではない。観光そのものが世界最大の成長産業として注目されているのだ。ＵＮＷＴＯ（世界観光機関）の推計値では、年間全世界で約10億人もの人々が国外旅行に出かけ、２０１２年の観光産業の収入は世界のＧＤＰの1割を上回る1兆2億ドルに達しようとしている。ＵＮＷＴＯの長期予測では、この勢いは加速し、２０２０年の国際観光客数は16億人に達し、それにつれて国際観光収入も飛躍的に拡大するとしている。その中でもアジアの国際観光市場の成長は圧倒的だ。

こうした国際観光市場において、日本の国際観光客（外国人観光客）受入数の世界ランキングは30位（２０１０年。８６１万人。ちなみに１位のフランスは７６８０万人）に甘んじている。ＧＤＰ世界３位の日本が、30位というのは、かなり残念な状態だ。また一方、国際観光収支（２０１０年）で見てみると、外国人が訪日旅行で消費することによって生まれる、日本の国際観光収入は１３２億ドルで世界19位となっており、観光客数の順位より上位であり、一見健闘しているように見える。しかし、日本人が海外旅行で消費する国際観光支出の方は、２７９億ドルにものぼり、こちらは世界７位となる。そして、この収入から支出を差し引くと、年間１４７億ドル（約１兆２千億円！）もの巨額の国際観光赤字となる。日本は、国際観光赤字大国なのだ。そしてインバウンド後進国なのだ。

もちろん、こうした立ち遅れた状況をただ眺めていても仕方がない。日本もすでに、このインバウンド市場の拡大、国際観光市場の黒字化を目指し、努力を始めている。

いわゆる観光市場は、

・訪日旅行（インバウンド）
・海外旅行（アウトバウンド）

・国内旅行（イントラバウンド）

と3つに分類することができる。このうち、国内旅行と海外旅行には、それぞれ日本においてもそれなりの歴史がある（もっとも海外旅行市場が本格化したのは高度成長期の1970年以降。たかだか40年という短い歴史だ）。

しかし、訪日旅行はもっと極端に新しい市場だ。まだ本格化して十数年の歴史しかない（たしかに、明治維新期以降、第二次世界大戦直前まで主に欧米からの訪日旅行振興の動きがあり、今につながる先駆的な取り組みとして、評価すべき点も少なくないのだが、その規模も成果も残念ながら極めて限定的なものだった）。また、戦後の訪日市場といえば、規模も小さく、対象者は主に欧米の人々のみだった。戦後数十年間、アジアにはまだ国際旅行市場がほとんどなかったため、日本にやってくる観光客は必然的に欧米人に限られていた。それがこの十数年で、欧亜の地位が逆転した。欧米からの訪日客が相対的に減り、圧倒的な数のアジアからの観光客が、日本をはじめ世界各国に押し寄せてきたのである。

この急激な流れに、日本の観光業界はついていけていない。日本の中に、アウトバウンドや国内旅行の専門家は多数存在しているが、インバウンドの専門家は皆無に等しい。筆者であるこの自分自身を含め、一線で活躍している人間も、試行錯誤の途中。いってみれば、誰もが〝素人同然〟なのだ。

新興国からのビザ発給緩和

パスポート（旅券）は、人々が観光などのために国境を越えて移動する場合に必要なもので、ビザ（査証）は、そのパスポート（旅券）にスタンプが押されたり、貼付されたりするものを指します。パスポートが渡航元政府による出入国管理の役割を果たしているのに対し、ビザは渡航先の政府による出入国管理のためのものです。たとえば訪日する中国人には、中国政府がパスポートを発給し、ビザは日本国政府が発給します。

日本人は中国に渡航する場合、15日以内はビザなしで渡航することができますが、中国人だと日本に渡航するためには、原則ビザの取得が必要です。それでも2000年9月からは一部の地域限定で「団体観光ビザ」の発給が開始され、段階的にビザの発給要件は緩和されてきました。

2005年には中国全土で「団体観光ビザ」が発給されるようになり、2009年には、「個人観光ビザ」が一部地域限定で発給されるようになり、また2010年には、発給対象が中国全土に拡大され、2011年9月1日付で、さらに発給条件が緩和されて就業条件が撤廃され、経済条件だけとなり、一回の滞在期間が従来の15日から30日と延長されています。

また、2011年7月1日には、「沖縄個人観光マルチビザ」の発給が始まり、沖縄に一泊しさえすれば一回の滞在期間が90日。そして有効期間が3年間となり、日本全国と中国を行き来できるようになりました。なお、同条件で、東北三県の岩手県、宮城県、福島県を対象とする「東北個人観光ビザ」が2012年7月1日より発給されています。

もちろん、「個人観光ビザ」発給の要件緩和の対象は、中国だけではありません。日本政府により、2012年6月1日以降、観光や親族訪問などの目的で日本を訪問するタイ人に対して、また同年の9月1日以降は、インドネシア人、およびマレーシア人に対しても、数次ビザが新設され、発給されるようになったのです。これらのマルチビザの有効期間は最大3年で、1回の滞在期間は原則として15日（申請内容に応じて審査の結果最大90日）となります。

このように日本国政府側でのビザ発給条件が段階的に緩和され、マルチビザが新設される状況は、訪日観光を楽しむアジアの人々の増加を、さらに促していくことになるでしょう。これらの施策によって団体客（GIT）中心であったアジアからの訪日観光客が、今後個人旅行（FIT）にシフトしていくのは間違いないことでしょう。

1-2 観光立国を目指す日本

日本国政府は、こうした世界の旅行市場の拡大、アジアからのインバウンドの増加傾向を背景に、1996年に「ウェルカムプラン21（訪日観光交流倍増計画）」（2000年に「新ウェルカムプラン21」へと拡充）を策定、翌1997年には外客誘致法を制定し、訪日旅行市場の振興に着手してきていた。そしてさらに2003年の年初に、当時の小泉純一郎総理が施政方針演説で「2010年に訪日外国人旅行者を倍増の1000万人にしたい」と発言し、その年の4月1日、「ビジット・ジャパン・キャンペーン（VJC）」が始まった。

このキャンペーンは、アメリカやイギリス、中国などの重点12市場を対象に、我が国の観光の魅力を発信するとともに、魅力的な旅行商品の開発を支援し、官民一体でインバウンドを推進するというものだった。

さらに2008年6月には、「観光立国・地域活性化」プロジェクトが、新成長戦略、国家戦略として閣議決定された。また同年10月には観光庁が設置され、将来に向けて「訪日外国人旅行者3000万人プログラム」が始動した。

そして、2012年3月30日、「観光立国推進基本計画」が閣議決定された。

これは観光をめぐる現在の課題を克服し、日本の成長を牽引するべくこれから２０１８年までにさらなる飛躍をするため、基本計画の策定の方向性として、「観光の裾野の拡大」と「観光の質の向上」を掲げた計画だ。観光は、国の成長戦略の柱の一つであり、また、東日本大震災からの復興にも大きく貢献するものであることが確認された。インバウンドだけではない、観光産業全体の計画だ。

具体的には２０１６年までに次のようなことを実現させるのが目標となっている。

・国内における旅行消費額↓30兆円にする。（２００９年実績：25・5兆円）
・訪日外国人旅行者数↓１８００万人にする。（２０１０年実績：８６１万人）
・訪日外国人旅行者の満足度↓訪日外国人消費動向調査で、「大変満足」と回答する割合を45％、「必ず再訪したい」と回答する割合を60％とする。（２０１１年実績：「大変満足」の回答割合43・6％、「必ず再訪したい」の回答割合：58・４％）
・国際会議の開催件数↓5割以上増やすことを目標とし、アジアにおける最大の開催国を目指す。（２０１０年実績：国際会議の開催件数７４１件）
・日本人の海外旅行者数↓２０００万人にする。（２０１０年実績：１６９９万人）
・日本人の国内観光旅行による1人当たりの宿泊数↓年間２・5泊とする。（２０１０

年実績：2・12泊）

・観光地域の旅行者満足度→観光地域の旅行者の総合満足度について、「大変満足」と回答する割合及び再来訪意向について「大変そう思う」と回答する割合をいずれも25%程度にする。（実績値無し）

こうした政府の目標数値に表れているとおり、日本は国をあげて観光立国を目指している。

しかし、前述のとおり、残念ながら日本のインバウンドの歴史は浅く、その専門家はほとんどいない。成功の方程式は、日本人全員で作り出さなくてはならない。誰かが知っているわけではない。というより、誰も知らないのだ。だからこそ、チャンスでもある。

日本という国は、従来、規格大量生産社会、工業中心の社会だった。原材料を輸入してモノを作って輸出で儲けようという発想はあっても、この狭い国土の日本が国際観光でご飯を食べていこうという発想は、一部を除き、ほとんどなかった。

繰り返しになるが、明治・大正期や終戦直後の一時期、外貨獲得の手段として欧米からの需要を取り込む企てはあったが、極めて限定的なものだったし、その成果も小さかった。しかし、これからは違う。

観光立国とは、観光を国の基幹産業として位置づけ、観光で国民全体が飯を食うことだ。観光振興的視点で、我が国のすべての要素を再構築することだ。教育、インフラ整備、法整備、公共投資、行政機関の整備、産業振興、すべての政策の基盤に、観光振興の目的に照らした視点を持つということを意味している。

すべての発想を大きく転換していかねばならない。従来の規格大量生産社会、工業国としての発想に基づく常識をすべて創造的に破壊し、入れ替えていく必要がある。もちろん、ここで政府や社会や企業活動など、われわれの外の話だけをしているのではない。われわれ一人一人、職業としてインバウンドに関わっている人に限らず、また津々浦々、中央も地方も含め、生活者を含む日本人全員が、すべての発想・常識を変えていくべき時代が到来している。そうした国民的な理解と努力があって初めて、日本全体のインバウンドが隆盛に向かうことができるのだ。

1-3 「今、日本が危ない！」の本当の意味を考えてみよう。

観光業界では「今、日本が危ない」が、合言葉のようになっている。特にアンテナをしっかりと張っているインバウンド関係者の多くは、危機感を募らせ、だからこそインバウンドでの成功を模索している。

国連の発表によると、世界の人口は２０１１年秋に70億人を超えた。一方、日本人の人口は約１億２５００万人。この５年間で37万人も減少した。また、全国１７２８市町村のうち、実に４分の３（１３２９市町村）で人口が減少している（２０１１年冬時点）。また、２０１２年春の最新データでみた際、今年は昨年の同月よりもすでに単年で20万人以上が減っている。

日本は今、少子高齢化に伴い、15歳から65歳の生産年齢人口（現役人口）が急激に減っている。次世代を担うべき若者が減り、逆に、医療費、介護費などの社会保障費用のかかる老齢人口が急増。生産力だけでなく、国内消費力も落ち込んでいる。

しかし、これらの理由で「日本が危ない」というわけではない。海外に目を向けると、世界の人口も、世界全体の国際旅行者数も確実に増え続けており、アジアの国際観光熱は爆発している。そんな中、もしこのタイミングで、日本がインバウンド施策をうまく立てられず、観光立国が実現できず、海外からの観光客を日本に取り込めない事態に陥れば、日本だけがアジアの成長に取り残されてしまう。

そうなる可能性が決して低くないから、「今、日本が危ない」のである。ここは声を大にしていいたいところだ。スケールを縮小して、国内にたとえて言えば、日本のある地域において、そのエリアを通ることなく別ルートの新幹線が開通し、その土地の従来の幹線鉄道が、ローカル線、ないし廃線になるような事態だといえよう。とんでもない事態になる。日本こそ、本来アジアの国際旅行ルートの大幹線になるべきであり、アジアの国際観光圏の中核となるべきなのに、だ。

「日本はモノづくり大国、海外にモノを輸出してきた貿易立国だから、訪日観光などに頼らなくても安心だ」なんて、一部の情報に疎い人を除いて、今や誰も口にしない。たしかにかつての日本はそうだった。昔は、貿易黒字の解消のため、むしろ黒字減らしのために、海外旅行が推奨されてさえいた。だが、今は状況が違いすぎる。

我が国は２０１１年、東日本大震災や円高、石油輸入などの影響で、31年ぶりの貿易赤字を出した。２０１２年もすでに巨額の貿易赤字の月が続いている。モノづくりの中心はすでに海外に移転してしまっていることも認めなくてはならない。

これからは、政府だけではなく、国民全体で観光立国に本気で取り組むべきだろう。これを無為無策で傍観、中途半端な施策でお茶を濁していると、日本だけが置いてきぼりをくらい、アジアの片隅で一人朽ちていくことになりかねない。日本が意識的な努力をすることなくアジアの経済・文化の盟主でありえた時代は終わったのである。

ただし、悲観することはない。今の日本を取り巻く国際環境は、まさに千載一遇のチャンスに満ちている。未曾有のチャンスに満ちているのだ。「オープンスカイ」と呼ばれる空の新ルールがすでにアジアでも始まっている。国際線の航空路線や便数や航空運賃は従来、政府間交渉で決められていた。そうした規制を今後は互いに撤廃し、原則自由化しようというものだ。欧米に立ち後れていた日本もようやく、アジア各国・世界各国とのオープンスカイに踏み切り、これがＬＣＣ（格安航空会社）の台頭につながって、国際線の飛行機を路線バス感覚で使う時代が到来している。

また、２０１２年の8月の日中の協定によって、混雑の続く日本の成田、羽田両空港、中国の北京、上海両空港の計4空港を除く、日中のすべての空港で、民間の各航空会社が、需要があり、採算がとれると判断すれば、自由に路線を開設したり、増便を決めたりすることができるようになった。当然、セントレアや関西国際空港など日本の有力な地方空港と、中国の広州や成都などの大都市の空港が対象に含まれることになる。

尖閣諸島問題等の政治的緊張関係はあるものの中国の経済発展に伴い、日中間のビジネスや観光需要は年々膨らんでおり、今後は新たな路線の開設や増便の動きが広がる可能性はきわめて高い。

クルーズ船によるアジアの大航海時代も到来している。九州をはじめ、日本各地に中国、韓国から多数の観光客が〝動くホテル〟である巨大な船でやってきている。このほか中国をはじめとするアジア富裕層におけるゴルフブーム、スキーブーム、登山ブームなど、様々なアクティビティを求めて、アジアの人々が海外に出かけ始めた。

そして、今後の訪日市場の拡大に大きな影響を与えるのは、まえがきでも触れたとおり、FIT（個人旅行）市場の進展である。従来は訪日観光といえば、団体観光中心だった。読者の皆さんのイメージでも、インバウンドといえば、バスを連ねて動く団体観光客の姿がメインではないだろうか。しかし、これからのインバウンドの中心は、間違いなくFITである。

特に、今や最大の訪日観光市場となりつつある中国への個人観光客へのビザの発給が、2009年の7月に開始された影響が大きい。そしてあいつぐ緩和措置の中で、2011年には沖縄で一泊すれば、2012年には福島県・宮城県・岩手県に一泊すれば、マルチビザが発給されるようになった。マルチビザとは、一度発給してもらうと、指定された特定年間は何度でも、いちいちその都度ビザの申請をすることなく、訪日旅行に来られるビザのことである。今後、この施策には「特区」の新設など、更なる緩和が期待できる。尖閣諸島問題の余波は気になるものの訪日時にビザが不必要な韓国・台湾・香港に比べて遅れていた中国のFIT市場が今後大きく伸長するのは、間違いないことだろう。

また、同じ2012年の6月には、タイからの訪日観光客のためのマルチビザが、そして同年の9月には、マレーシアとインドネシアからの個人観光ビザもマルチ化した。2012年の上半期には、中国、タイ、インドネシア、マレーシア、ベトナムからの訪日客は過去最多を記録している。こうした個人観光ビザの緩和がアジア全域で進めば、FITはますます加速していくことだろう。

また、MICE（マイス）分野の市場拡大の可能性も大きい。MICEとは、Meeting（大型会議・研修）、Incentive tour（報奨旅行）、Conventionまたは Conference（大会・学議・国際会議）、Exhibition/Event（展示会、見本市など）の頭文字を集めて命名された専門用語で、商務旅行市場の代表的な分野だ。一度に大人数が来日して移動するだけでなく、一般観光旅行に比べ一人当たりの消費額が大きいことなどから、各国が近年MICEの誘致にしのぎを削っている。日本でも、ようやく国・自治体の取り組みが活発化し始めた。2011年の日本における国際会議の開催数は233件。世界13位であり、まだまだ成長の余地が十分にある。また、MICEのお客様は、その時には団体観光であっても、日本が気に入ればその後FIT（個人客）として何回でも来日してくれる。大事なFIT予備軍でもある。

これらすべてがインバウンド観光の無限の可能性の追い風となっている。日本を取り巻くインバウンド市場は途方もなくでかいチャンスに満ちているのだ。

このチャンスに遭遇していながら、指をくわえて傍観していてはならない。そのためには、すべてを変えていく必要がある。過去の成功体験は何一つ役に立たないと思うべきだ。

1-4 日本にはびこる欠乏マインド型インバウンド

本書を読んでいる方の中には、すでにインバウンド振興に関わっている方も多いことだろう。そんなあなたに問いたい。

「なぜ、インバウンドに取り組んでいるのか?」

私は、これまで何人ものインバウンド業界の関係者に会ってきた。そして、ほとんどの方は、この問いに対してこう口にするのである。

「外国人観光客を呼び込んで、内需の落ち込みを補填するためですよ」

細部の違いはあるものの、一様に「内需の減少」を穴埋めするために「外国人からの需要、外需を求める」という構図なのである
日本の人口が減り、内需が減っているので、それを補うために海外から、アジアから人を呼ぶ——確かにわかりやすいし明確な動機ではある。だが、果たしてこれでいいのか。

たとえるなら、忘年会の幹事が「今夜の宴会にキャンセルが出たので、人数合わせに来てくれないか?」と当初想定していなかった人（呼ぶつもりのなかった人）を自分の都合で宴会に誘っているようなものではないか。実際、そんな身勝手な誘いに喜んで応じる人がいるだろうか。

世界的なベストセラーとなり、今なお売れ続けている『7つの習慣　成功には原則があった!』（1989年）の著者のスティーブン・R・コヴィーは、人間の思考を「豊かさマインド（この世界には、天与のリソースが無限にあふれているという考え方）」と「欠乏マインド（世の中は有限であり、他から奪わないと取り分がなくなるという考え方）」の二つに分類した。先ほどのインバウンドに取り組む理由が、後者の「欠乏マインド」に陥っている可能性はないだろうか。

インバウンドを成功させるためには、海外からの訪日観光客だけを見ていればいいということではない。あくまでも日本国内、日本人をお客様とする国内商圏、すなわち地元客、そして国内の大都市圏などからの観光客に愛され、支持される努力をすることが、海外からのお客様をもてなす際の源泉になる。そこを本末転倒して、（自分の自治体、自分の施設の観光的魅力が足りないため）国内客が獲得できないので、それを補うべく外客を呼ぶためのインバウンド活動を行おう、と考えても、多くは上手くいかない。これこそが「欠乏マインド」によるネガティブなインバウンドだ。

日本人からは一切人気がなく見向きもされていないが、外国人観光客からはすこぶる人気――。

そんな観光地やホテル、小売店を私は見たことも聞いたこともない。確かに短期的にインバウンドの需要だけで商売が成り立つこともあるだろう。しかしそれは一時的なことであって、やがて時間と共に廃れるのは必然だろう。

残念ながら、現在は日本国内だけで勝負できない店舗や企業や自治体ほど、インバウンドに過度に頼ろうとする傾向がある。

日々全国各地で開かれているインバウンドのセミナーやシンポジウムでも、この「欠乏マインド」による論を堂々と展開している檀上の人が少なくない。曰く、「これからは日本国内の人口が減る、現役人口が減る、ひいては国内需要も下がっていくので、これからはインバウンドで穴埋めするしかありません。さあ、外国人をいっぱい呼び込みましょう」と。

そうしたセミナーに参加すると、地元の人口が減り、国内のお客様が減ってきていることを嘆き、「あなたのところも大変ですね。一緒にインバウンド頑張りましょう」と、お互い同情し合っている光景もよく目にする。

他ならぬ私もそのうちの一人と見られているようで、「ずいぶんインバウンドにご熱心ですね。やはりドンキさんでも日本国内のお客様が減っているのでしょう。インバウンドで外国人観光客が増えているみたいでよかったですね」とまで言われたこともある。とんでもない話である。ドン・キホーテは、インバウンドを除く国内客においても、創業以来減ることなく客数が増え続けている数少ない企業である。国内客の減少を外客で「補う」という発想は、私にも、我が社にも一切ない。微塵もない。では、なぜ当社がインバウンドに誰よりも真剣に取り組んでいるのか。

「豊かさマインド」で考えれば、冒頭より一貫して述べているとおり、世界の、そしてアジアの国際観光市場が大きく伸長している中、この伸び行くマーケットの存在を無視することは、プロの商人としてあり得ないからだ。上場企業として、利潤の最大化、企業価値の最大化は当然、最重要な使命である。それゆえ、訪日観光客市場が増えている今、その市場を拡大するため、自社だけでなく、地域全体、日本全体の機運を盛り上げ、みんなで豊かな未来をつかもうと努力するのは当然な責務である。当社では、そもそも国内客・国外客のマーケットを分けていない。

一方、「欠乏マインド」には未来がない。コップの水が足りない、だからその足りない水をどこかから調達して埋め合わせしようというような、そうした自己都合の、自己中心的な考えでは、顧客である訪日客に長期的に支持されることは不可能だからだ。読者の皆さんは、断じて、こうした考えに引きずられないようにしていただきたい。

今述べたとおり、ドン・キホーテがインバウンドに力を入れる理由は、内需の減少では断じてない。むしろ国内のお客様に限っても当社の売上は伸びている。後ほどたっぷり説明させていただくが、私たちが目指すのは「豊かさマインド」によるインバウンドを通して、日本だけでなく、アジア、ひいては世界全体の成長と繁栄に寄与することである。この考え方こそがインバウンドを成功に導く秘訣、いや基本中の基本だと、私たちは考えている。

冒頭で述べたとおり、バブル崩壊後、日本の経済成長が停滞したこの十数年間で、中国をはじめ、アジア各国は著しい経済成長を遂げた。十年前、アジア全体のＧＤＰの総和より遥かに大きかった日本のＧＤＰは、２００４年にアジアに抜き去られ、今ではアジア全体の半分にも満たなくなった。

同時に、アジア各国の国民所得は著しく伸び、その結果、海外旅行熱が沸騰し、アジア地域内に巨大な海外旅行市場が生まれ、訪日旅行も伸張している。つまり、アジアの経済成長があったからこそ、われわれは今、インバウンドという光明を見出すことができているのである。

今、私たちには「日本とアジア」という主観的な視点から、「アジアの中の日本」、という客観的な視点への転換が求められているのではないかと思う。しかし私たちの思考枠は、今なお「アジアはアジア、日本は日本、日本はアジアの外にある」という古くさい発想に囚われたままだ。

日本とアジアを分け、国境を心の中に強く描き、その上で、国内の落ち込みをアジアの〝外需〟で穴埋めしようとする「欠乏マインド」では、インバウンドの成長は難しい。無限に広がるリソースを皆で共有し、アジアと共に、世界と共に成長していく、という決意が必要だ。それこそが「豊かさマインド」である。

不足分を外から補うという発想をやめ、アジアの域内そのものを、大きな旅の経済圏、いわば「メガ観光交流圏」として捉え、奪い合うのではなく、無限の成長を共に促進し分かち合う、という発想が求められているのである。

では、具体的に何をなすべきなのか？

「豊かさマインド」に立って考えてみると、インバウンド振興を声高に叫び、外国人観光客を呼び込む前に、日本人も今まで以上に、国内観光に出かけ、まず国内の観光を盛り上げる。そしてまた同時にアジア各域、そして世界中に出かけ、アウトバウンド振興を図ることが重要だと気づくはずだ。国内旅行市場を活性化し、そして海外旅行にも出かけ、また海外からも訪れてもらい、お互いに深く交流する。いわゆる「ツーウェイ・ツーリズム」だ。この国内旅行の活性化と、海外旅行におけるイン&アウトの両方の活性化こそが、インバウンドを成功させるための大前提となる。

国内の域内外間の往来と、海外との相互の往来が精力的に行なわれることで、まず日本の各地域間を結ぶ国内の空の便が充実し、そうした国内の各地域とアジアを結ぶエアラインや国際クルーズ船も増便されるだろう。人々の〝足〟が増えることは、インバウンドではもっとも重要なことである。前述したオープンスカイ政策もその後押しとなる。

国内旅行の振興とアウトバウンドの振興なしに、インバウンドの隆盛はない。

先ほど述べた「なぜ、インバウンドに取り組むのか？」という問いは、「なぜ、観光立国を目指すのか？」と言い換えてもいいだろう。

「観光立国」とは、日本人の旅好きの文化をよみがえらせるとともに、「豊かさマインド」に基づいた、海外との「旅の自由貿易圏」、すなわち「メガ観光交流圏」の実現を通して永続的な共存共栄を目指す国家戦略のことではないだろうか。それを目指すことで、お互いの国が無限に成長できる可能性がある。

インバウンドの振興は、ドン・キホーテのような一企業や、一自治体の頑張りで成功できるものではない。もちろん日本国政府だけでも実現しない。国民全員が、前述の「豊かさマインド」に立ち、もっと大きな視点、すなわち日本全体、オールジャパンですべてを見て、考えて、日本国内はもちろん、世界中の人々と深く交流することを通して、成果を求めて真剣に取り組んでいくべき事業なのだと私は強く思っている。民民、官民、そして官官、すべてのセクターの連携が必要なのだ。

中国市場の重要性

今日、世界各国からの旅行者が日本を訪れ、日本での観光を楽しんでいます。これら訪日旅行にやって来る海外からの観光客の中で、政治的リスクを常にはらんでいる国であるにもかかわらず、なぜ中国からの観光客がとりわけ注目されているのでしょうか。

第一に、日中間は、地理的に近いということもあり、関係が緊密で、何かと折に触れて政治的緊張が生じたりするものの、その一方で中国の民間の一般の人々、特に沿海部の人々の日本の文化・食・自然・ショッピングへの関心はとても強く、アジアで唯一の先進国である日本に対する積極的な興味を失うことがないからです。

第二に、人口が多く経済成長の目覚ましい中国において、従来よりも、より多くの人々が海外旅行を楽しめる状況になってきたということが挙げられます。海外で買い物を楽しもうと思えば、世界で一番良質なものを廉価で買えるのは日本において他にはそうありません。各国からの訪日観光客に比べ、中国人観光客は日本における一人当たりの平均旅行支出額（旅行にどれだけの予算を費やしているか、その平均値）が非常に高いことで知られています。その額は一人あたり18万8,000円（2011年、観光庁調べ）であり、全外国人観光客の消費総額の4分の1を占めています。

第三に、ビザ発給要件の緩和が挙げられます（詳しくはP21、「新興国からのビザ発給緩和について」を参照）。

中国統計局の「国民経済社会発展統計公報（2011年度）」によると、2011年度の中国人観光客数は、2010年比で、22.4%増の7025万人に達していると公表されています。同時に、日本政府観光局（JNTO）の発表によると、2011年度における中国からの訪日観光客数（104.4万人）は、大震災の影響により2010年より減ったものの、国別訪日客順位では、2010年に続き第2位を占めています。

2012年7月1日には、復興支援の一環として東北3県でも沖縄と同様、個人観光のマルチビザ発給が開始されました。そして、その7月度には、中国人の訪日観光客数が韓国人の訪日客数を上回り、中国人がはじめて国別訪日シェアで一番になりました。経済成長著しく、訪日旅行のハードルが下がりつつある中国は、観光立国を目指す日本としては、カントリーリスクをはらみつつも、やはりおのずと力の入る市場だといえるでしょう。

第2章

インバウンドを巡る冒険

2-1 そもそも「ドン・キホーテ」ってどんな会社？

ところで、皆さんは「ドン・キホーテ」と聞いて、いや「ドンキ」と聞いて、どんな会社を思い浮かべるだろうか。

「家の近くにある、あの派手なディスカウントストア」

「繁華街にある、若者御用達の深夜営業の店」

「流行っているようだけど、自分は行ったことはないし、中高年の自分にはきっと買うものがない」

特に40代以上の方々には、こういった先入観や誤解が多い。某大手旅行会社の幹部は、東京の中目黒という好立地にたたずむドンキの本社ビルを初めて訪ねて来られた時、「イメージと違いました。まるでＩＴ企業のようにスマートなオフィスで、びっくりしました！」と目を丸くしていた。打ち合わせのために来社した別の旅行会社の担当者は、「正直いって、ドン・キホーテさんの店舗数が全国にそんなにたくさんあるとは知りませんでした。せいぜい数十店舗かと思っていたら、全国に二百数十もあるんですか？」

また、海外の旅行博の会場では、以前はよく尋ねられた。

「えっ、なぜドンキさんがインバウンド？　どうしてブースを出展しているの？」

特に地方の自治体職員の方々によく驚かれた。

「えっ、ドンキさんに海外からの観光客がそんなに来ているんですか？」

彼らは知らなかったのだ。

当社グループが、バブル崩壊後の不況下で上場企業各社が経営難にあえぐ中、23期連続で増収増益を記録し（2012年6月期）、今や日本全国で249店舗を有し、米国ハワイ州にも店舗をもち、その他中国、韓国など海外に幾つもの事務所を構え、年商約5400億円を誇る流通業界の有力企業になっていることを。

そして、今や当社の全国の店舗には海外からの訪日観光客が毎日押し寄せ、当社が、訪日観光客にとって外せない、なくてはならない観光要素になっていること、そしてインバウンドの売上が順調に成長し続けていることを。

ここで当社の業績や、インバウンドの成長についてことさら自慢したり、誇示したりするつもりは毛頭ない。ただし、認識のズレだけは払拭させていただきたいと思っている。そして、誰であれ目線を変え、愚直にお客様（旅人）のことを第一に考えさえすれば、国内市場においても、インバウンド市場においても、持続的に成長が可能なことをこの本で明らかにしてみたい。

もちろん、当社が創業期から現在に至るまで成長するのには、実に多くの挑戦と失敗のプレヒストリーがあった。

安田隆夫（現・代表取締役会長兼最高経営責任者）が、一念発起して東京・杉並にて日用雑貨等の処分品を扱う激安店を開業したのは1978年のことだった。この時、安田は29歳。自己資金はたったの800万円。流通業界、小売業界で働いた経験もなければ、特別なツテもない。ズブの素人が破天荒な挑戦をしたのである。

メーカーや問屋などに眠っているサンプル品や返品、在庫品、半端品に目をつけ、仕入れ価格を大幅に抑えて調達し、激安で販売するという、業態としてはいわゆるディスカウントストアだ。ただし、その他の同業他社と違ったのは、安田が流通業に関して、本当に何も知らない素人で、だからこそ流通・小売業界では考えられない常識外の発想に基づき行動ができたことだ。

その行動方針とは、「深夜営業」、「圧縮陳列」、「主権在現」であり、これらは今でもドンキの経営の基本軸となっている。

当時、コンビニの元祖「セブンイレブン」でさえ、営業時間は通常午後11時まで。そこを安田は、「お客さまは〝セブンイレブン以降〟の時間も買い物をしたいはず」と考え、午前0時まで営業時間を延ばし、見事に深夜帯の顧客を獲得することに成功した。

商品を縦横のスペースいっぱいに積み上げる陳列方法「圧縮陳列」は、創業当時の店舗が狭かったことから生まれたものだが、目当ての商品が見つかりにくいからこそ意外な発見もあったりと、宝探しに似ていて、お客様から思わぬ好評を得た。

安田はお客様に能動的に買い物の楽しさを味わってもらえるこの圧縮陳列の売り場を〝買い場〟と表現した。売り場とは店がモノを売る場所のことで、主語はあくまで店。しかし、〝買い場〟はお客様がモノを買う場所であり、主語はお客様となる。あくまで主役はお客様、という意識を現場に植え付けるために、そう呼んだのだ。

そして「主権在現」とは、「ビジネスの主権は現場にある」という意味であり、現場への権限委譲を意味する。ドンキでは何を仕入れて、どこに置いて、いくらで売るかなど販売戦略は各店舗に一任されており、さらに、一つ一つの売り場における個々の商品に関わる権限は店長ではなく、その〝買い場〟担当者が持つ。お客様に一番近い現場の人間だからこそ、お客様のニーズに素早く柔軟に応えられるだろうという考えである。つまり「主権在現」とは、当社の最重要理念／企業原理でもある「顧客最優先主義」につながるものなのだ。

創業者の安田は、いわゆる世間に流布されている成功法則やビジネスモデルには興味を示さなかった。ひたすらお客様のニーズと時代変化に食らいついてきた結果、今がある。

圧縮陳列などは小売業界では非常識だが、これも安田が素人だから考え、実践できたこと。そして先ほど触れたセブンイレブンのようなコンビニエンスストア（ＣＶＳ）を始め、スーパーマーケット（ＳＭ）、総合スーパー（ＧＭＳ）など、日本の流通業の業態のほとんどすべてが、戦後、アメリカのチェーンストア理論と共に直輸入されたものばかりだ。そうした中、当社ドン・キホーテの業態は、そうした外来のチェーンストア理論を敢えて取り入れることなく、完全に「ジャパン・オリジナル」のコンセプトと素人目線で作られた、日本を見渡しても世界中を見渡しても、一つとして他に類例を見ない、独創的な小売業の業態なのである。われわれは、そして私は、当社の創業者にならい、この「素人目線」をいつも何よりも大事にしている。そして、この「ジャパン・オリジナル」という点こそが、インバウンドビジネスにおける当社の大きな強みの一つだと認識している。

これから説明する、当社が歩んだインバウンド業務の実例を「ドンキのような独特な企業だから実現できた」などと思っていただきたくはない。既成の業界常識やシステムに囚われず、ひたすら「お客様のニーズ」すなわち「海外からの旅人のニーズ」に応えることだけを考えられる素人であれば、インバウンドにおいても必ず成功に導ける――そう考えていただきたい。

私は、今でこそインバウンド事業で急伸している企業の部門責任者として各種メディアに取り上げていただき、訪日市場を盛り上げる仲間を一人でも多く作るために、各地のセ

〈ドン・キホーテの営業実績推移〉

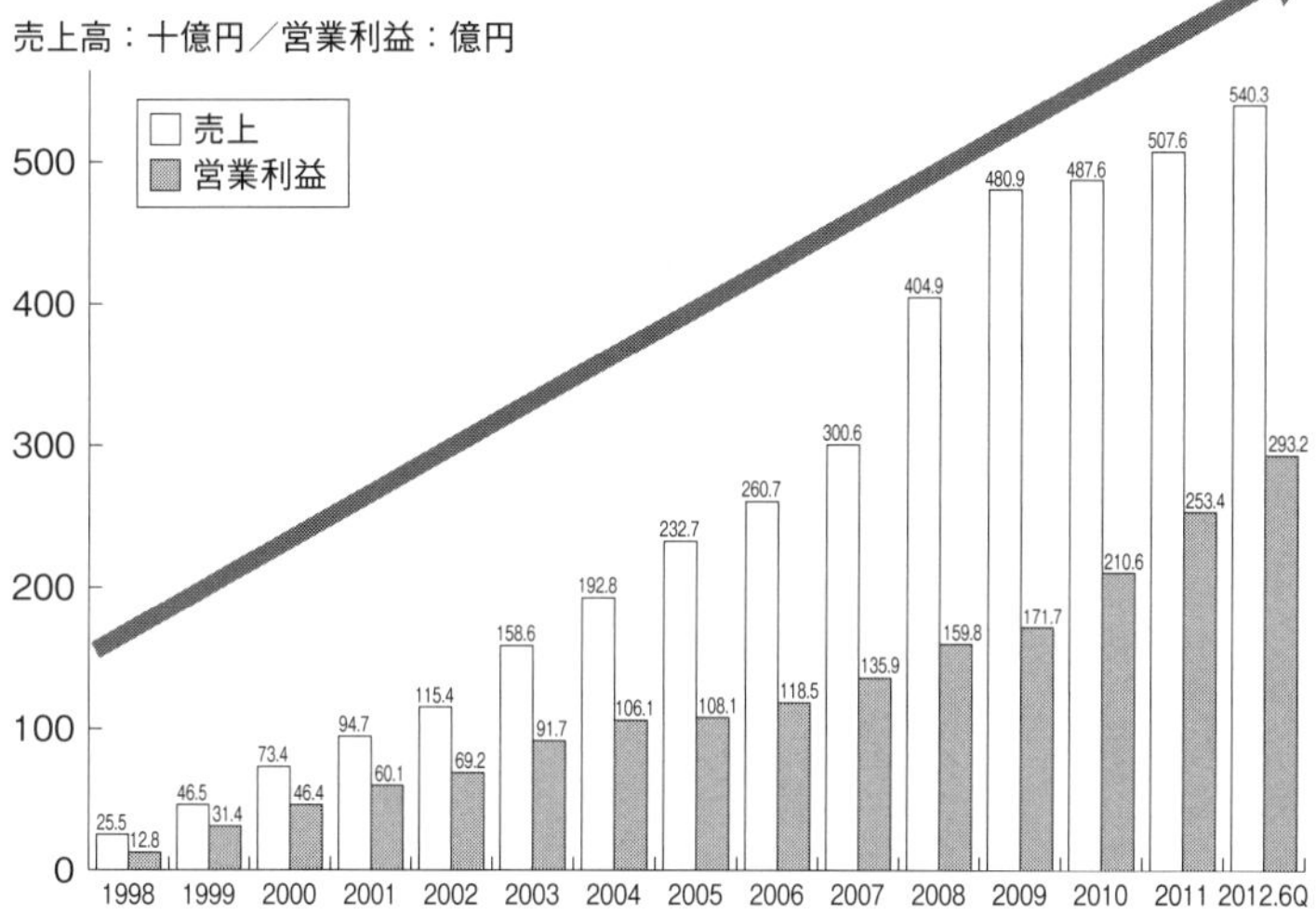

〈訪日中国人客数の推移と、ドン・キホーテにおける銀聯カード決済額の伸長率〉

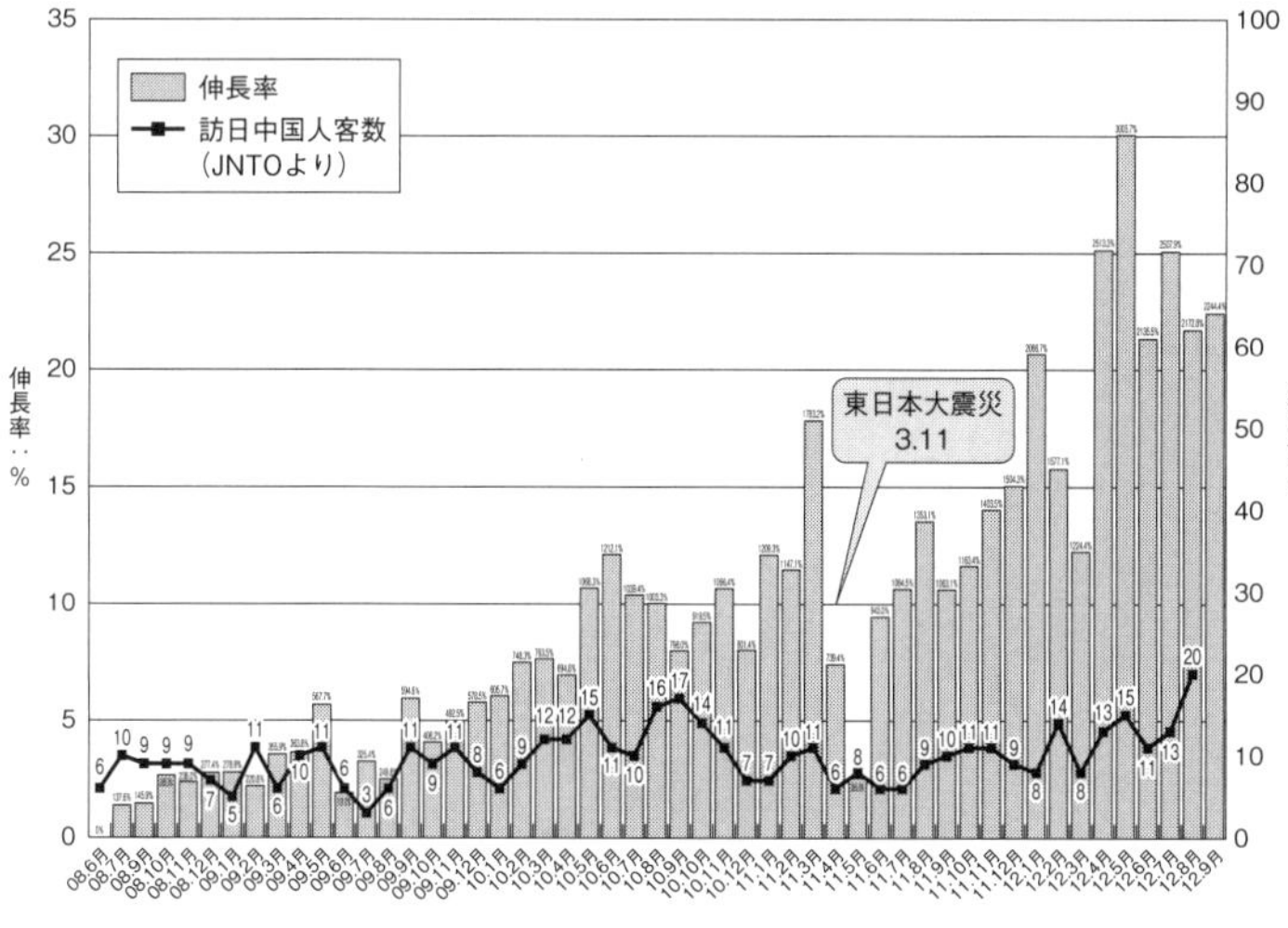

ミナー等で訪日観光振興の在り方について、自らの体験や考え方を披露したりするようにさえなったが、プロジェクト発足当時は、インバウンドのイの字も知らないズブの素人だった。そして、その素人、いや〝ド素人〟としての感覚は今も大切に持ち続けている。

2-2 まずはターゲットを中国市場に絞る

当社ドン・キホーテがインバウンドに力を入れ始めたのは、新宿店で免税の免許を取得した1998年。当時はまだ、免税の免許を持っていた当社の一部の店舗が独自に動いていただけだった。もちろん、権限委譲された現場の従業員や店長たちは、それぞれが先進的な工夫をし、訪日観光客の取り込みに情熱を注いでいたが、全店横断的な取り組みはまだなされていなかった。

そういう状況を一新させたのが、2008年6月の、中国版のデビットカードである「銀聯カード」の導入だった。

それ以前から、当社の新宿東口本店、六本木店、そして銀座本館などの都心の現場では、中国人観光客が多数来店し、その人たちから「銀聯カードでは払えないの?」という問い合わせが日々寄せられていて、その声に応えようと導入することになったらしい。

「らしい」というのは、この当時、私はまったく違う分野の仕事をしていたから、まるで知らなかったのだ。経理部などの関係部署から「中村さんのほうで、銀聯カードの対応を考えてくれないか」と依頼があった時も、その「銀聯カード」という存在すら知らなかった。あくまでスキームを組み、そのカードの導入の段取りを取り計らう立場で、悪く言えば一過的な仕事だと思っていた。

ところが、銀聯カード導入にあたって、その詳細について、役員や全国の支社長が一同に会する幹部会議で発表したところ、経営陣から、免税の免許制度、訪日観光市場の状況と展望等についてあれこれと、踏み込んだ質問が浴びせられた。自分自身、ようやく銀聯カードのことについてのみ、あわてて俄か勉強した程度だったので、当然、インバウンド市場については何を聞かれても「分かりません」「知りません」という情けない返答しかできず、しどろもどろな対応に終始してしまった。

その結果、「そんな程度の知識ではだめだ。銀聯カードを伸ばすには、免税のサービスなどインバウンド全体の振興施策が必要なはずだ。もっとしっかり、市場全体を勉強しなさい。インバウンドに関し、あなたが中心となってしっかりとプロジェクト化し、体系的にやるように！」と厳しい叱責と指摘を受けてしまった。思わぬ形でインバウンド事業の責任者として、この市場に本格的に携わることになったのである。

こうした経緯により、銀聯カードを首都圏や関西地方を中心に全国12店舗に導入するのと軌を一にして、本格的に「インバウンドプロジェクト」が社内に誕生した。同年7月1日のことだった。

正直いって、私はこの当時、インバウンドという言葉すら知らなかった。旅行業界で働いたこともないし、この時、プロジェクトに参加した他の3人の社員も全員、他部署との兼務で、旅行業界とは縁もゆかりもない人間たちだった。

何から手をつければいいのか……まったく見当がつかなかった。まずは私とインバウンドをつなげたといってもいい銀聯カードの販促が何よりも大事だろうと考え、中国人観光客に対するアプローチから始めることにした。

当時はまだ社内に、統合化された訪日客の売り上げ集計システムなど、一切なかったので、外国人観光客の売り上げ成果を確認するには、銀聯カードの決済高のデータに頼るしかなかった。それゆえ、当初の取り組みは、銀聯カードの利用者である中国人マーケットに集中せざるをえなかったのである。

また、わずか3名のスタッフ（しかも他の業務と兼任）では、あれもこれもはできない。中国市場だけでも、途方もなくでかい市場だ。とにかく、中国に専念するしかなかった。

選択と集中――

といえば聞こえがいいが、組織の一員である以上は、まず目に見える結果を作ることが最優先だったし、中国市場拡大のカギである銀聯カードの決済端末の導入も、当時はまだけっして安い投資ではなかった。

まず、ドン・キホーテの存在を、中国人をはじめ海外の人々に知ってもらわないと始まらない。そう考え、中国語（繁体字・簡体字）、英語、韓国語に対応した多言語のホームページを突貫工事で作ってくれる会社を大至急探し出して、発注した。

中国語だけでなく、〝多言語化〟したのにはこんな理由がある。

学生時代、私がドイツに滞在した際、「ローレライ」を訪れた。ローレライとはライン河中流の東岸にそびえ立つ巨岩の呼名で、南ドイツ屈指の観光地である。その巨岩の手前の護岸にカタカナで、ローレライと表記されていて、非常に違和感を覚えた（今はさすがに消されているようだが）。せっかく、ドイツまで来て、カタカナ表記では、異国気分も台無しである。訪独日本人向けの特別サービスは、かえってマイナスだと思った。

また、当時ドイツの都市の、とあるレストランに入った時、ドイツ語のメニュー以外は日本語のメニューしかなかった。「ああ、この店は日本人観光客目当ての店だ」という感じがして、異郷を旅する興趣を著しく殺がれてしまった。おそらく、その時メニューに英語やフランス語やスペイン語が併記されていれば、そんな気持ちにはならなかっただろう。

逆に「多くの観光客が来る国際的な店なんだ」と感心したはずだ。

そういった私の過去の旅人としての経験から、まず中国人観光客からプロモーションを先行して開始したとしても、「全世界の人々にドンキに来て欲しい！」という思いをＨＰに込めるため、多言語対応こそ基本だと考えた。重要なのは、旅人目線での配慮だ、という考え方は当時も今も変わらず大事にしている。

いずれにせよ多言語のＨＰは、こうして、突貫工事によって、奇跡的にインバウンドプロジェクトの発足期日に無事間に合った。

ただし、インバウンド事業に乗り出したばかりの私たちは、中国をはじめとする、肝心の訪日観光客へのアプローチについては、どこから手をつけていいいか、いまだ明確な方策を立てきれずにいた。

そんな折、親身に手助けをしてくれたのが、そのＨＰ制作を受託した後、夜を昼に接いで突貫工事で目標期日内に完成させてくれたウェブ制作会社だった。この会社は、中国にも現地法人を持っている会社で、サイトの制作・運用にとどまらず、中国に関する情報全般に明るかった。

なにより、同社のトップの奥さんが、中国の旅行業界出身者だったという幸運もあり、多くの助言をもらった。旅行業、観光業に詳しい人のアドバイスは当時、とても役に立った。

もっとも有益だったのが、「直接、現地の旅行代理店と関係を持つべき」という彼女のアドバイスだった。

当時、中国からの旅行者はビザの関係で、個人旅行者（ＦＩＴ）が一切なく、団体客しかいなかった（中国人向け個人観光ビザが発給されるようになったのは、１年後の２００９年７月のことだった）。まずは旅行代理店にドンキの名前を知ってもらい、中国からの団体ツアーの立ち寄り先に加えてもらえるのなら、これ以上嬉しいことはない。

貴重なアドバイスに加え、彼女は、現地の旅行代理店のうち、16社ものアポイントメントを取ってくれた。さらに中国語のネイティブスタッフがいないド素人集団の我がインバウンドチームの訪中団を率いて、現地での折衝役をも買って出てくれることになった。彼女のお蔭で、まさにいたれりつくせりの訪問ツアーとなったのだ。

善は急げ、だ。早速、われわれは多言語化したＨＰをプリントアウトし、当社の会社案内を中国語に訳したものを急いで用意して、中国に出かけた。７月の中旬頃だった。

銀聯カードとクレジットカード

最近、町のあちこちで見かける「銀聯（ぎんれん）カード」をご存じですか？　中国国内の銀行を結ぶ決済ネットワークで、そのカードには「銀聯」のロゴが明示されています。銀聯カードは、「**借記卡**（借記カード）」（**借记卡/借記卡**）と呼ばれる種類のもので、「デビットカード」にあたります。つまり買い物をした際に、銀行口座から買った分の金額を引き落とすシステムです。収入の格差が大きく個人の信用度が図りにくいため与信が困難なことから、中国ではクレジットカードではなくデビットカードがよく利用されています。使った金額が見えにくいクレジットカードと違い、引き落とし金額が明確で使用状況が把握しやすいという点でも人気です。

一方売る側も、銀行残高がなくなった場合には引き落としができなくなるため回収の不安がないという点も中国全土で支持されている理由でしょう。クレジットカードのように限度額がなく、口座に残高がある限り使用できるのも、大きな特徴のひとつです。これらの利点から利用が促進され、銀聯カードの発行枚数は、現在13億枚を超えて増え続けています。

一般の銀聯カードは、決済時に6ケタの暗証番号を入力します。銀聯カードの中には一部、クレジット機能がついているものがあり、クレジット決済を行う際には、6ケタの暗証番号とサインの両方が必要です。これはサインか暗証番号のいずれかで決済できるクレジットカードや暗証番号で決済できるデビットカードと比べると、やや厳重といえます。

中国から海外に渡航する際には、持ち出せる現金の価格が5,000USドルまでと決まっています（2012年9月1日現在）。そのため、訪日観光客の多くの方が手持ちの現金を使い切った後はこの銀聯カードを使用して買い物をしています。「セブン銀行」や「ゆうちょ銀行」などのATMにも対応しているため、日本でも日本円で現金を引き出すことは可能ですが、1回で引き出せる限度額は1万元までと決まっています。

最近は20代30代の若者や富裕者層の間で、こうした銀行残高に基づく即時決済方式の銀聯カードよりも、「先に使って後で支払う」ような、欧米風のクレジットの考え方が急速に普及し始めており、中国人＝銀聯決済という考え方だけでは対応できないようになってきています（なお、中国では、キャッシュカードやクレジットカードのことを「信用卡（信用カード）」と呼んでいます）。これからは銀聯カードに加え、自施設の「信用卡（信用カード）」への対応状況についても、詳しく発信していったほうがいいでしょう。

2-3 ドンキを知っている人がいない!!

噂には聞いていたが、当時の中国の急激な成長ぶりには、腰を抜かすほどびっくりした。私が訪れたのは南京、蘇州、上海だったが、ちょうど北京五輪の開催直前ということもあり、国全体のテンションが高く、人々も街も生き生きしていた。

今から四半世紀前、大学生の時に、北京を訪れたことがあったが、まだ空港は木造で、人民服を着た人がいた時代だ。それが、今やいたるところで高層ビルが建ち並び、東京と変わらないくらいオシャレに着飾った人々が闊歩する大都会に変貌していた。

久しぶりの中国には、かつての日本のバブル期のような華やかさを感じた。もちろん、急激な成長のため、当時はあちこちにまだら模様のように遅れた汚い箇所があり、酷いマナーの人々も目についたが、とにかく圧倒的な急成長ぶりに目を瞠《みは》った。ぜひ、今以上の中国人旅行者をドンキに招きたい、という思いを強くし、商談をセッティングしてもらった江蘇省の各都市、そして上海の旅行代理店を訪問して回った。

しかし、何よりも衝撃的だったのは、その中で、ドンキを知っている会社がただの一つもなかったことだった。

ドン・キホーテの店頭で、銀聯カードが使えるようにして欲しいという店頭の声の多さから、それへの対応をきっかけとして、われわれのチームが発足したくらいだから、きっと中国の旅行業界の人は全員とはいわないまでも、ほとんどの関係者が、ドンキを知っているだろうと思っていた。ところが、業界の人でさえ、いや業界の人だからこそドンキの存在を誰一人知らなかった。日本では誰もが知っており、その頃すでに中国からの訪日客も増え始めていたドンキが、中国の関係者の間ではまだ誰にも知られていなかったという事実は、予想だにしていないことだった。

とはいえ、現地の旅行業者の皆さんは丁寧な対応をしてくれたと思う。なにせ、こちらには慌てて中国語に翻訳した会社案内しかなかったのだから、「何をしに来たんですか？」という感じだっただろう。私は銀聯カードを全国の主要店舗に導入したこと、主要店舗ではすでに免税のサービスも提供できていることなど説明し、「ぜひ、ドンキにお客様を連れてきていただきたい」と働きかけた。まさに素人の怖いもの知らずの発想だ。

当時は日本国内にどんなライバルがいるのかさえ分からない状態だった。そして自治体がどんな施策を行っているのかも知らなかったし、もちろん日本政府観光局（ＪＮＴＯ）の存在も知らなかった（なお観光庁は、この年の10月1日に発足することになる。それゆえこの夏の時点ではまだ存在していない）。

インバウンドの情報を少しネットで読みかじった程度の素人だった私に、中国の旅行代理店は、逆にいろいろと親切に教えてくれたのだ。先方各社にとってはちょっと迷惑だったのかもしれないが、私たちにとっては大変有意義な、超入門編の〝研修旅行〟となった。

成果はこれだけではなかった。この中国訪問において、現地の状況視察、旅行代理店訪問だけにとどまらぬ、思いがない出会いがあった。実は社内の別の国際関係部署である輸入事業部の責任者から、「中村さん、今後インバウンドに本格的に力を入れるつもりなら、絶対、チーム内にネイティブスタッフを雇うべきですよ。ネイティブスタッフなしに中国ビジネスなんて無謀ですよ！」という親切な忠告を受けていて、いつかチーム内に中国語のネイティブスタッフを雇用したいと密かに考えていたのだ。

そして、全日程の最終日の前夜、われわれ一行は上海で一人の女性に出会った。その女性とは、南京出身の長身の女性で、その後来日し日本に帰化して東京で暮らしている大神陽子という人物だった。彼女はちょうどその時、たまたま上海に旅行に来ていた。そして、東京での転職を考えていたところだった。彼女は観光業界での経験こそないものの、日本で営業畑を歩んできたため、旅行代理店へのアプローチは安心して任せられる。中国語のネイティブで、しかも日本語が堪能。朗らかで明るい笑顔が印象的だった。

「ドン・キホーテのインバウンドを一緒にやりましょう。日本に帰ったらぜひ連絡をください！」と、帰り際に私は大神に自分の名刺を渡し、われわれは帰国の途についた。

今から思えば、ずいぶん無鉄砲な出張だったと思うが、やはりこの時期にあえて中国を訪問してよかったと思っている。日本のインバウンド業界の中には、

「実は、いまだに中国には行ったことがない」

とか、

「以前、一度行ったが最近はほとんど行っていない」

という人が驚くほど多いが、できるだけ早期に一度行ってみることをお勧めしたい。百聞は一見に如かず、だからである。そして、可能であれば定期的に出かけた方がいい。目まぐるしく変化し、急激な成長過程にある中国においては、定期的に訪問していないとまるで別の国のように変化してしまうからだ。

なお、最初は自治体や業界団体などと団体で行くのではなく、一社単独で行ったほうがいい。優秀なアドバイザーを現地で調達できたらさらにいいだろう。すべてがダイレクトに伝わるし、責任感も緊張感も出る。当事者としての意識を強く持ち、失敗も成功もすべて受け止められる状態でなければ分からないことがいっぱいある。受け身ではなく、自分自身で仕事を切り開いていくんだ、という気持ちを持つことが大事だし有益だと思う。

偉そうにいってしまったが、自分自身、たまたまそういう始まり方をしただけなのかもしれない。偶然、理想的な始まり方ができただけなのかもしれない。それでも、この旅に

よって、それまで何も分からなかった状態が、この先何をすべきか、何をしたら良いのか、どんどんアイデアが浮かんでくるようになっていた。その後も自治体主催の訪問団や各種研修ツアーにその他大勢の一人として幾度となく参加したが、単独で行った時に比べると刺激も学びの量も、はるかに少なかった。

2-4 ネイティブスタッフ

当時、インバウンドに関する書籍やネットの情報などは、手当たり次第に読んだが、実際に役に立ったかと問われると疑問だ。過去の数字だったり、観光学の見地から書かれたものは理論だけだったり……。そもそもインバウンドの決定版のマニュアル的なものなど、（この本を含め）今も昔も存在しないのだから。

インバウンドに関するセミナーに関しては、初期の頃は一切参加をしなかった。そういうものがあることすら知らなかった。

私が実感としていえるのは、本やセミナーも一定の参考にはなったのだろうが、それ以上に、大きな前進となったのは、実際に現地に出向くことで、現地の実情を知ることができ、業界に知己を得たことだった。そしてまたこれは望外の成果であったが、中国語ネイティブのスタッフと出会えたことだった。

上海から東京に戻るとすぐに、大神から電話があった。

「中村さん、覚えていますか？」

忘れるわけがなかった。「もちろんですよ！」

採用面接を行い、私は社内を急いで調整し、すぐに彼女の採用を決めた。

そして同年の9月、彼女が入社してきた。たった一人ではあるが、ネイティブスタッフがチームに入ったことによって、われわれのプロジェクトは大きく前進することとなった。

それまで、プロジェクトの発足時は、中国語・韓国語など多言語のＨＰを作るなどしかできなかった。それも翻訳はすべて外注で、社内に知識の蓄積はされない。中国の旅行代理店にアプローチする際も、外部の知り合いや業者に頼るしかなく、ダイレクトにコミュニケーションが取れなかった。業務の主体性と発展性に乏しかった。

しかし、チームに彼女が入ったことで、中国側へのアプローチが格段にしやすくなった。そしてノウハウの蓄積もできるようになった。たった一人のネイティブスタッフであるが、彼女が加わったことで、取り組むべきこと、また実行可能なことが格段に増えた。あの時、「ネイティブスタッフはマストですよ！」という実に適格なアドバイスをくれた輸入事業部の責任者には、今なお深く感謝している。

2-5 初めての海外旅行博

また、この時中国に出張するまで、中国の上海をはじめ、国内外で国際旅行博（旅行の見本市）が定期的に開かれていることを知らなかった。上述の上海訪問時に、現地の旅行会社の責任者の方から、「ちょうどこの秋、その旅行博が上海で開催され、中国中の旅行会社が上海に集まるから、このチャンスを活用したらどうですか。上海で開催されるのは2年に一度だけです。この秋を逃したら、上海での開催は2年後になってしまいますよ」という耳寄りな情報を教えてもらった。これは、またとないチャンスだと思い、帰国後さっそく社内に諮り、出展を決めた。それが、２００８年11月に上海で開催された東アジア最大規模の国際観光博覧会「ＣＩＴＭ（中国国際旅遊交易会）」への出展だった。

当時すでに、中国では旅行や消費など娯楽を求める富裕層が年々増加しており、２００６年には海外旅行者数がアジアでトップとなっていた。世界の観光産業にとって中国市場は非常に魅力的であり、中国人の訪日旅行の誘致を促進するために、このＣＩＴＭ旅行博は、当社にとってまさに打って付けの機会であった。

こうした旅行博では団体旅行商品を造成している旅行代理店と知り合うことができ、また訪日旅行を予定している個々の観光客（見込み客）へのアプローチが直接できる。前述

初めての旅行博出展（2008年、中国・上海のCITM）

のとおり、帰国早々、このＣＩＴＭへの出展を決めたのだが、実際のところ、プロジェクトの内実は、勇み足と言わざるを得ない状況であった。

　われわれには7月の中国訪問時と同様に、手元には中国語に翻訳した会社案内ぐらいしかなかったからだ。これではプロ相手にも、個人客にもドンキがどこにあって、どのようなものが売られているのかが伝わらない。そこで、ドンキ店舗の品揃えやサービス等の詳細が書かれたリーフレットとマップの制作、そして店舗紹介のＶＴＲ映像の制作を急いだ。そして、中国人観光客にとって比較的馴染みが深いだろう新宿地区の新宿店と新宿東口店のマップをつけた店舗紹介のリーフレット、全国主要店舗の載った大判のマップを完成させ、ＰＲのための映像を急ピッチで完成させたのである。多言語ＨＰ同様、やはり突貫工事だった。

ちなみに、映像に登場するレポーターは、もちろん中国語ネイティブの大神で、撮影と編集は、パソコンの操作に長けた別部署の社員。社内の手作りではあるが、中国語の字幕を入れ、それなりのクオリティに仕上がった。中国語の会社案内とリーフレットと全国の主要店舗のマップと案内映像。我ながら時間がない中、よくこれだけの物を準備できたと思う。

ＣＩＴＭには、私と大神、インバウンドプロジェクトの２名のスタッフ、そして外部スタッフ４名を加えて総勢８名体制で挑んだ。

現地入りし、上海の旅行博の会場を見渡すと、アジア各地から集まった企業や国や地方政府が、それぞれの特色を生かしたブースを出していた。日本からは設立されたばかりの観光庁・日本政府観光局（ＪＮＴＯ）をはじめ、各自治体、大手不動産会社、百貨店協会、旅行代理店に航空会社など、日本を代表する団体や企業が軒を連ねていた。華やかさと熱気に包まれた旅行博にあって、隅っこで小さなブースを構えたわれわれは多少、場違いのようにも思えた。

他の出展企業とわれわれでは経験値という面で大きな差があった。中でも家電量販店大手のヨドバシカメラ（中国語表記は、「友都八喜」）さんとの差は歴然だった。

ヨドバシさんは、すでにわれわれより数年早くインバウンドに取り組んでいた。パンフレット類も充実しており、ブースの前には人だかりができていた。百貨店協会など小売業系も人気があったが、やはり目立っていたのは圧倒的にヨドバシさんだった。

キレイに編集、印刷された店舗紹介の小冊子はよく出来ていた。すでにヨドバシといえば、安くて良い電化製品以外にも免税もあるし、ブランド品も多く取り揃えているという情報が上海では知れ渡っていたのである。ヨドバシさんは数年前から旅行博に先進的に取り組んでいた。だからこそ、中国人観光客の間でのブランディングに成功したのだろう。そんな先輩たちの姿を見て、われわれも負けてはいられないと刺激を受けた。

日本らしさを取り入れてアピールしようと、日本から持参した赤や黄色の鮮やかな色の当社のハッピを着て、ほかのブースの見よう見まねで、自分たちのブースの前面に出てパンフレットを手渡し、声を嗄らして全員総出でドン・キホーテのアピールをした。

われわれ以外は何度も旅行博に出展している常連企業や自治体が大半だったようで、ブースの外を歩く中国の人々は、ドン・キホーテ（中国語表記では「唐吉诃德」）という、聞き覚えのない会社が流す映像を見て「何の業種だろう?」と興味深い視線を送っていた。常に映像は流しっぱなし。出演していた大神は、画面を見た人々の視線が自分に送られていることに気づいてか、ブースの中で顔を赤らめ、恥ずかしそうにしていたことを今でも懐かしく思い出す。

ヨドバシさん他、先輩たちの真似をして、お客様に手渡ししていた会社案内やリーフレットなどのパンフレット。「どうぞ」、と手渡せば、みんな一応は笑顔で受け取ってくれる。われわれはブースの表に出て、元気いっぱいにパフレットやマップを配りまくった。

旅行博の会期は、大体4日間の会期のところが多いが、前半の2日間は、業界日、後半の土日は一般旅行者向けの設定になっていることが多い。これはよくないと、今なお強く思っていることだが、日本の企業ブースは、業界日の前半だけ、担当者が出て、後半は無人になるところが多く見受けられる。すると、そうした無人のブースに誰か一人がパンフレットを捨てたら、その場所に他の人たちも次々と捨てる。その結果、その無人ブースがゴミ屋敷となる。まさかと思ったが、後で様子を見に行ったら、そのゴミ屋敷に捨てられた膨大なパンフレットの山の中に、当社のパンフレットも少なからず混じっていた。

中国をはじめアジアでは、まだまだモノ欲しさで博覧会場にやってくる人も多い。ボールペンなどのノベルティグッズを選り出して、残りの紙類を捨てる人もいるのだ。上海の会場で目撃したシーンは、悔しい、そして悲しい現実だった。しかし、誰であろうと、本当に重要な、欲しい情報は捨てない。

「よおし。二度と捨てられないパンフレットやマップを作ってやるぞ！」

この時、強く決意した。そして、捨てられないためには、そもそもこちらから手渡さないことだとも思った。手渡さなくても、来場者が自分で、思わず手を伸ばしたくなるようなパンフレットやマップを作りたいと、この時、ひそかに、しかし固く心に誓った。

私を含む当社のスタッフがこの場所にいるのは、会社が期待し投資をしてくれているからだ。この時のパンフレットだって、もちろん手間もコストもかかっている。自分たちの渡航費や宿泊費、その他諸々の諸経費だってバカにはならない。会場でお披露目するため、手間暇かけたこのパンフレットが、たとえその一部分であっても、無残に捨てられていた光景を目にした私は大きく落胆した。しかし、同時にこの体験は、その後いろいろ考えるきっかけともなったのだった。

いずれにせよ、上海のCITM2008への出展において、当社のブースは全体としては大盛況であり、帰国後も国内外から多くの問い合わせをいただいた。業界において一躍注目を集めるようにもなり、当社のインバウンドの取り組みも経験値も大きく前進した。中国における、特に上海における知名度は、それまでとは比べ物にならないくらい大きく上がった。来店する訪日中国人の数も目に見えて増えた。しかし、この時の出展は、同時に多くの気づきを与えてくれ、悔しさとともにわれわれの大きな転機となったのだった。

訪日観光客向けの印刷物

海外の旅行代理店への訴求や、旅行見本市／旅行博（P68〜69参照）、着地の観光案内所や宿泊施設での配布、来客された訪日観光客の方への店内や施設内のご案内、といった目的で、英語・中国語（簡体字・繁体字）・韓国語・タイ語等の外国語で表記された印刷物の制作を検討している方も多いと思います。その際に留意すべき点は、こちらが伝えたい情報ではなく、訪日客が知りたい情報を掲載する、という視点を持つことです。たとえば、海外の旅行代理店の訪日旅行担当者であれば、店舗におけるクレジットカードや銀聯カード（P54参照）の使用可否や、英語・中国語等の外国語が話せるスタッフがいるかどうかが知りたい事柄であり、訪日客自身であれば、特別割引の有無や近隣に他にどのような施設があるか、といった点が知りたいでしょう。これは自分の施設や店舗へのアクセスを示す地図を掲載する場合も同様です。交通アクセスはもちろんのこと、地域ごと楽しんでいただく気持ちで、自施設のみならず近隣の施設や店舗も記載しておくほうがより一層喜ばれると思われます。

配布したいがその方法がわからない、という場合には、インバウンドサポートを業務としている企業の中に、海外の訪日旅行取り扱い代理店への印刷物の配布や、訪日旅行を予定されている旅行客への印刷物の手渡しといったサービスを業務として展開しているところがあります。別途予算はかかりますが、それらを有効活用するのもひとつの手段です。

無料で差し上げるものでも、内容に価値がなければ受け取ってももらえません。受け取ってもらえたとしても、すぐに捨てられてしまいます。価値ある情報を、わかりやすく掲載し、ターゲットに届きやすい方法で配布を行う――当たり前のことですが、この点を改めて熟考し、訪日観光客の方々や、送客を行う海外の旅行会社の方々に喜ばれる印刷物を制作し、デリバリーしてていただきたいと思います。

アジアにおける観光見本市

世界各国の観光資源をPRする場として知られるのが、旅行博などの観光見本市です。この観光見本市では、文字通り観光資源に関する情報を展示・アピールする見本市をはじめ、観光地の物産の取引先を探す商談会、セミナーや旅行即売会などがあわせて催されます。中でも現在活況で知られるのが、アジア各地で開催される観光見本市です。

○ドン・キホーテが出展している主な観光見本市

●中国・香港

・北京国際旅游博覧会（BITE）：6月中旬開催／見本市／北京／2011年来場者数13万人

・中国国際旅游交易会（CITM）：11月中旬開催／見本市／上海／2011年来場者数10万人（上海と昆明で毎年交互に開催）

・香港国際旅游展（ITE）：6月中旬開催／見本市／香港／2011年来場者数8万人

●韓国

・釜山国際観光展（BITF）：9月初旬開催／見本市／釜山／2011年来場者数：9万人

・ソウル国際観光展（KOTFA）：6月初旬開催／見本市／ソウル／2011年来場者数：9万人

●台湾

・台北国際観光博覧会（ITF）：10月下旬開催／見本市／台北／2011年来場者数：19万人

●タイ

・タイ国際旅行フェア（TITF）：2&8月開催／見本市・即売会／バンコク／2011年来場者数：各40万人以上

●シンガポール

・NATAS Holidays：8月下旬開催／見本市＆旅行即売会／シンガポール／2011年来場者数11万人

JNTO（日本政府観光局）の公式サイトhttp://www.jnto.go.jp/jpn/index.htmlに常時、開催日時等の掲示が行われていますので、上記以外のイベントについても、目的や時期に応じて出展を検討してみていただければと思います。出展に関してはJTBコミュニケーションズ（観光業界に強い広告代理店）をはじめとする各オーガナイザーが事務手続きの取りまとめを行っています。初めて参加の場合などには、地元の観光協会や自治体等に共同出展を相談をされるのもよいのではないでしょうか。ドン・キホーテでも、単独出展のみならず、共同出展を行っております。

実際に出展、もしくは会場に足を運ばれるとわかりますが、海外で開催される観光見本市に出展しているアジア圏の各団体は、官民ともに猛烈な意欲を持って参加されています。“おもてなし”はすでに、このエキシビションの段階から始まっている—その気持ちを忘れては、外客誘致には決して至らないということを、各国担当者の姿勢からも学ぶことができます。

なお、前頁のリストの中でもわかるとおり、世界最大規模といわれているのが、タイのバンコクで開催される旅行即売会「Thai International Travel Fair」（TITF）です。年に2回開催されますが、合計で90万人近い来場者があることで知られています。

Topics

メディア×口コミ

人間社会における最強のメディア、それは「口コミ」です。かつては、従来の日本同様、海外においても、家族や友人からの口コミが観光全般、商品の購買動機に強く影響を及ぼしていましたが、今日ではインターネットのホテルレビュー・商品レビューなどが、同じ効果ないしはそれ以上を発揮しているといわれています。

公式サイトからの情報や、いわゆる広告誌面からもたらされる情報に対してそれほど関心が持たれないのも、作られた情報よりも身近な、同じ目線に立った発信源からもたらされる情報のほうが大事にされるからのようです。そのため、「何か話題になるような表現方法で制作されている」「他にまねのできないサービスを告知している」といったような極めて特徴的な内容でなければ、広告による反応は薄いと考えた方がよいでしょう。インバウンドに関する広告展開を行うのであれば、実際にサービスを受けた方が体験した内容をレポートしたようなスタイルで情報を掲載する、ペイド・パブリシティ（記事型広告）の形をとった訴求のほうが効率的かもしれません。また、SNS（ソーシャル・ネットワーク・サービス）を活用する方法も経済的であり、同時に効果的です。

とりわけ、中国でのPR活動において重要なのは、メディアの選定です。中国には2,000社を超える新聞社、10,000社を超える雑誌社、TVチャンネルに関しては50を上回るチャンネルが存在するといわれています。それらのメディアが様々なターゲット層を対象に展開されています。また名前ばかりで実際には運営されていないメディアも珍しくありません。「掲載サイズが大きい」「価格が安価」という表面的な事情にとらわれず、メディア利用の際には目的と裏付けを踏まえた、十分な選定を行うことが大切です。

またPR展開を行う際にも中国ならではの習慣に配慮する必要があります。中国のメディアには、「取材を行うメディア」と「行わないメディア」の2種類が存在します。プレスリリースなどを配信し取材依頼を行いたい場合、「取材を行うメディア」だけに限定してアプローチしないと思うような結果は得られないでしょう。他方、「取材を行わないメディア」は、「取材を行うメディア」が作成した記事を転載し、誌面を制作しています。このことは同時に、話題性の高い記事はおのずと転載される回数が増え、広範囲に情報が伝播していく可能性があることを示しています。これらの特徴を踏まえた上での展開が、中国における宣伝戦略の成功を導くのです。

2-6 手数料問題

ＣＩＴＭの会場では、中国メディアの取材を受け、ドン・キホーテの名前を強くアピールできた。中国各地の旅行代理店の担当者と多数の名刺交換ができ、知己を得たことも大きな前進だった。これにより、その後の旅行代理店への本格的なアプローチにつながった。「ドン・キホーテ（唐吉诃德）」を知らない人たちに「24時間営業」、「激安のディスカウントストア」「品ぞろえの豊富さ」「銀聯カード対応」「免税」など、ドンキの特徴を鮮やかにアピールもできた。少なくとも次回の出展時には、「あ、ドン・キホーテという名前、以前聞いたことがある」「このロゴ、見たことがある」という反応につながるだろう。小さな歩みがやがて大きな一歩となる。

今から思えば、この、インバウンドプロジェクトの旗揚げ後、間もない時期に、蛮勇をふるって上海の旅行博に参加して本当に良かったと思う。自分たちに足りないところが何なのか、これから具体的に何をしなければいけないのかが明確にわかったからだ。

それもこれも初期のうちに単独でブースを出したことが功を奏したのだと思う。

この２００８年のＣＩＴＭが終わった後が本当の仕事の始まりだった。会場で名刺交換し、商談した現地の旅行代理店の日本部（訪日観光担当者）へのアプローチを開始することになり、訪中する頻度が格段に増えた。また、日本政府観光局（ＪＮＴＯ）の賛助会員制度があることを聞き、これに入会し、会員サービスの一環として、上海と南京の主要な旅行代理店を新たに紹介していただき、効果的な商談が可能になった。

当時、すでに訪日観光に軸を置いていた日本の民間企業や自治体から、中国の旅行代理店へのアプローチが盛んになりつつあった。

現地の大手旅行代理店の中には、商談に対し意欲的ではない担当者もいたが、怯むことなく、ドンキに関する基本的な情報からその特徴、同じ商品でもドンキであれば安く買える「ディスカウント」の魅力、免税のメリット、銀聯カード決済対応、24時間営業をはじめとする深夜営業、全国の主要都市に店舗が存在している利便性などを前面に押し出し、丁寧に説明した。話し終わる頃には、担当者の態度が変わっていたことを覚えている。

当時の現地旅行代理店へのアプローチの目的は、団体旅行客の訪日旅行のスケジュールにドンキ各店舗への来店を組み込んでもらうことだった。そこで直面したのが、旅行業界ならではの手数料問題、すなわち旅行代理店へのコミッション（手数料）と旅行ガイドへのキックバック（ＫＢ）の問題だ。

われわれは何も知らない素人ゆえに、ドンドンと攻めの姿勢で商談を進めていったが、素人ゆえにこのコミッションの料率がどの程度のものか、訪日旅行業界の〝常識〟を知らなかった。旅行代理店の担当者にその割合を聞くと、旅行会社自体の求めるコミッションはともかく、旅行ガイドが求めるキックバックは途方もない〝非常識〟なほどの高率で、とてもディスカウントストアである当社では支払えるものではなかった。

当時も今も、外国人だけを相手にする、いわゆる〝免税店〟では、市中価格に17～20％、下手すると50％以上ものKB分があらかじめ上乗せされた、極端に割高な価格設定がされていることが多く、その分をガイドに還元する仕組みとなっているようである。なお、驚くべきことに、いわゆる〝免税店〟には、ほとんどの場合、正式な免税の免許はない。

中には、「旅行客のみなさんが喜んでくれるのであれば、うちではコミッションは要らない」といってくれる良心的な現地の旅行代理店もあったが、「うちはいいが、ガイドさんにはKBを支払って欲しい」という申し出が多かった。

訪日団体旅行業界においては当時も今も常識となっている、ガイドへの高率のKB問題だ（ガイド諸氏は、旅行会社からは無給のケースが多く、いわゆる〝免税店〟からのキックバックや移動中のバスの車内販売の利益が唯一の収入源となっていることが多い）。

実態として、現地の旅行代理店はむしろガイドの立場を重視しているようだった。旅行代理店へのコミッションだけでも対応が難しいのに、さらにガイドへの高率なKBなど払えるはずがない。すべての無駄を削ぎ落として一円でも安く商品を提供し、お客様に喜んでいただくことを使命とするディスカウントストアの当社には、そのような法外に高い支払いなど到底受け入れられるはずもなかったのだ。

われわれが困惑していると、いくつかの旅行代理店は、ガイドへのKBが不必要な中国の日系企業の研修ツアーや学生の教育ツアーの際に、当社の大阪の道頓堀店などへの来店をスケジュールに組み込んでくれた。中国のかわいい小学生や中学生などの団体も相次いで来店するようになった。

それらをきっかけに、いわゆる通常の訪日観光目的のパッケージツアーとは異なる訪日ツアーがあることに気づき、そちらを中心に旅行代理店へアプローチを続けた。これは当時から今に至るまで、着実に成果を生んできている。

添乗員とガイドの違い―通訳案内士

「添乗員（＝ツアーコンダクター）」と「ガイド」の仕事の違いをご存じでしょうか？

「添乗員」の主な業務は、旅行を円滑に進めるための「旅程管理業務」、つまりツアーの旅程を管理することです。「添乗員」には「旅行業務に関する取引公正の維持」「旅行の安全の確保」「旅行者の利便の増進」という三つの項目が義務づけられており、同行が約束されているツアー行程にはすべて同行する必要があります。加えて各施設や交通機関との調整や対応を行います。

それに対し、「ガイド」はツアーの全行程に同行するわけではありません。観光地で場所の案内や歴史の紹介などを専門に行うのがガイドとされています。こちらも団体ツアーに一緒に同行していることが多いので混同されがちなのですが、まったく別の職業だという認識は必要です。

この「ガイド」ですが、日本国内では、観光案内を行う際に日本語を使用して案内をするのか、外国語を使って案内するのかという点で、必要な資格が区別されています。英語や中国語などの外国語を使用してガイドをする場合は、「通訳案内士」という国家資格が必要です。報酬を受けて外国人に付き添い、外国語を用いて旅行に関する案内をする者は、通訳案内士法の規定により「通訳案内士試験」に合格し都道府県知事の登録を受ける必要があります。この通訳案内士は語学力のみならず、日本の地理や歴史、さらに産業や経済、政治および文化といった幅広い分野にわたる知識や教養をもって日本を紹介するという重要な役割を担っています。

訪日旅行において重要な存在であるこの通訳案内士ですが、従来、英語など需要が多かった言語においては有資格者が多い一方、これまで需要が低かった中国語に関しては、中国からの訪日観光客数増加率に比べ有資格者が非常に少なく、多くの“無資格ガイド”が雇用されているという現状があります。これら“無資格ガイド”の中には、高額なマージン取得のために訪日観光客に法外な金額でお土産を売りつける、買い物を促進するばかりで日本の魅力を全く伝えないなど、本来の「ガイド」の役割を見失っている者も少なくありません。

日本の“おもてなし”をきちんと伝え、訪日観光のリピーターになっていただくためには、どんな方に何を依頼するべきなのかを、雇用する側がきちんと知っておく必要があります。

2-7 全店で免税免許を取得すべし！

当時も今も、免税対応については、訪日客から強い要望が寄せられている。それゆえ、各店舗の免税免許の取得についても、可能な限り積極的に対応した。

実は、インバウンドプロジェクトが発足した当初において、すでに経営陣から免税免許に関し、「全店を免税対応に！」というミッションが下されていた。

実際、「ドン・キホーテ」という屋号の一つの店で免税の買い物ができたら、当然その他のすべての店舗で免税ができるはずだ、と海外からのお客様であれば誰もが思う。対応しきれなければ、顧客目線のサービスの実現とはならない。当時、訪日客がせっかく免税サービスを求めてドン・キホーテに来店してもその店には免許がなく、お客様にひどく失望されるケースが頻発していた。ところが、免税の免許は、店舗ごとに個別の審査を受け、個別の許可をもらわなければならないのだ。

その頃、免税免許のある店舗は、都心や全国の主要都市の20店舗に過ぎなかった。残り約150店舗以上の免許を取得する必要に迫られていた。

そこで、2008年の7月のインバウンドプロジェクト発足と同時にそれまで以上に意欲的に各店の免許申請を行い、2009年春頃までに順次申請が受理され、各地で許可がおりていた。免税の免許は国税庁の税務署の管轄だ。外国人観光客の来店者数や外国語対応スタッフの有無など店舗ごとに厳重な審査があったが、比較的スムーズに許可はおりた。

ところが、２００９年の夏に、当社の本社が移転し、管轄税務署が変わってしまったこともあり、それ以降、免税の審査に従来以上に多大な時間と手間を要するようになった。当然のことながら、それまで本社があった新宿区と移転先の目黒区では、まったく立地条件が異なる。おそらく目黒の税務署では、当時それほど免税免許の申請を上げてくる事業者も少なかったのだと思う。また、税務署の担当官の方からしても、当時すでに地方を含め、外国人観光客が激増しているといっても、なかなか実感が湧かなかったのも無理はない。そういう状況下では、当然申請を出しても、当社の中目黒本店をはじめ、各地の新幹線の駅の目の前の店舗ですら、なかなか免許を下していただけなかった。

当社の本社ビルの１・２階は「中目黒本店」となっている。中目黒に隣接する代官山には各国の大使館がある。おしゃれなカフェやショップが林立しており、大使館員をはじめ、現地のガイドブックでも特集され、アジア欧米からの個人観光客が当時も今も毎日のように来店している。しかし、当時は「えっ、あんな中目黒の住宅街に訪日客が来るんですか？」というような担当官の方の反応で、初回の免税申請は却下された。

私は衝撃を受けた。なにしろ、山手通りという都内有数の目抜き道路に面した中目黒本店は当時すでに銀聯カードの決済も可能になっており、シンガポールからの修学旅行生が団体でやって来るなど、中国等海外からの訪日客も日増しに増えていたにもかかわらず、だったからである。法令の規定に基づき、免許付与の要件として、実際に外客の需要があるかというポイントの他に、外国語のできるスタッフの有無も重要なポイントだ。免税の法令順守のための備品類の整備、レジ周りの外国語のPOP表記なども審査される。

それゆえ、プロジェクトのメンバーと、中目黒本店をはじめ、免税の申請を求める各店の店長、統轄店長と力を合わせ、各店ではこうした要件へのさらなる対応を急いだ。免税対応の社内マニュアルもすべて作り直し、より分かりやすいものを整備した。英語、中国語、韓国語が話せるスタッフの拡充も急いだ。英語、中国語（繁体字・簡体字）、韓国語、合わせて4種類のカラフルな「免税カード」（日本の免税ルールの説明書）も作成した。後述する「音声ペン」の導入も決定した。実際、この税務署から求められる免税免許取得のための厳しい要件への対応の努力がなかったら、今の当社のインバウンドインフラは、かなり遅れたものになっていたに違いない。そして、今ほどの外客売上を達成してはいなかったのかもしれない。

そうこうするうちに、こうしたわれわれの努力を税務署の担当官の方々にもようやく評価していただけるようになった。懸案だった中目黒本店の免税免許も、初回の申請から約半年を要したが、再申請後、無事許可がおり、晴れて免許を取得できた。目黒税務署の職員の皆さんには、申請のたびに、地方出張を含め、各地の店舗の現場を熱心に審査していただいており、その熱意にはいつも感銘を受けていた（それでも正直にいうと、渦中にあった際には、どうしてもっと早く審査していただけないのだろう、なぜすぐに許可が下りないのだろうと、いつも歯がゆく思い、やきもきしていたのも事実だ）。

しかし、今から思えば、この税務署の方々からの厳しい要求があったからこそ、今の当社のインバウンドのインフラが整い、インバウンド対応の文化が身についたのだと思う。今、歴代の担当官の皆さんには、お世辞ではなく、本当に心から感謝をしている。

なお、免税の免許を国にいただくということは、その分、免税の実績を上げていく義務が発生することでもある。それゆえ、店頭での告知、自社のＨＰでの告知とあわせて各種のインバウンドメディアに「免税対応」という情報を大きく謳い、海外にも力を入れてＰＲした。

こうした地道な努力により劇的な増加ではなかったものの、中国人をはじめ、各国からの観光客の来店が徐々に増え、免税の売り上げもうなぎ上りに伸び始めた。となると、次に問題となるのが、前述のような免税対応を含む、店頭店内での受け入れ（おもてなし）態勢の更なる整備である。

≫ 免税

訪日観光客がお土産購入に利用したいと思うのが日本の免税サービスですが、小売業者がこの免税サービスを行うには免許が必要です。なお、消費税の免税（TAX FREE）と関税の免税（Duty Free）は違います。ドン・キホーテのような小売店で行う免税は、前者の消費税の免税（TAX FREE）のみ。関税の免税（Duty Free）は、国際空港等での出国手続き後に免税ショップ等で行われるサービスで、ここでいう免税とは関係ありません。下記は国税庁のHPからの抜粋（一部参考記載）です。

1：「輸出物品販売場」の許可を受けていること

輸出物品販売場の許可は、事業者の納税地を所轄する税務署長に、事業者が経営する販売場ごとに許可を受けなければなりません。許可を受けるためには、原則として次の条件をすべて満たすことが必要です。

① 販売場の所在地は、非居住者の利用度が高いと認められる場所であること。
② 販売場が非居住者に対する販売に必要な人員の配置及び物的施設（例えば非居住者向特設売場等）を有するものであること。
③ 申請者が許可申請の日から起算して過去3年以内に開始した課税期間の国税について、その納税義務が適正に履行されていると認められること。
④ 申請者の資力及び信用が十分であること。
⑤ ①から④のほか許可することにつき特に不適当であると認められる事情がないこと。

2：「非居住者」に対する販売であること

輸出物品販売場において免税販売できるのは、外国為替及び外国貿易法で規定されている「非居住者」に限られています。販売に際しては、パスポート等で確実に確認してください。「非居住者」とは、外国人旅行者など日本国内に住所又は居所を有していない者をいいます。たとえば、外国人であっても

① 日本国内にある事務所に勤務している者
② 日本に入国後6か月以上経過した者

は、非居住者に該当しません。

3：「免税対象物品」の販売であること

許可を受けた輸出物品販売場で販売されるすべての物品が免税の対象となるわけではありません。輸出するために購入される物品のうち、次の2

つの条件を満たす物品のみ免税の対象とされています。
① 通常生活の用に供される物品
② その物品の購入額の合計額が1万円超の物品。非居住者が国外における事業用又は販売用として購入することが明らかな物品は含まれません(非居住者が国外に所在する事業者の代理として、このような物品を購入する場合も同様です)。

この制度は、非居住者が国外に輸出する(持ち帰る)ことが前提の制度です。国内で消費する可能性のある物品には対象外です。食品類、飲料類、たばこ、薬品類、化粧品類、フィルム、電池等の消耗品は含まれません。

4:「所定の手続き」で販売すること

免税で販売を行う場合には、次の手続きによらなくてはなりません。
① 商品購入時、購入者から店舗へパスポートなどの提示
② 店舗による「輸出免税物品購入記録票」の作成
③ 購入者から店舗へ「購入者誓約書」の提出
④ 店舗から購入者へ「輸出免税物品購入記録票」の旅券などへの貼り付け(割印)
⑤ 店舗から購入者へ免税対象物品の引き渡し
⑥ 店舗による「購入者誓約書」の保存
⑦ 出国時、購入者から税関へ「輸出免税物品購入記録票」の提出
⑧ 購入者による免税購入物品の輸出

5:「購入者誓約書」を保存していること

輸出物品販売場における輸出免税の特例を受けるためには、購入者が作成した「購入者誓約書」を、事業者の納税地又は販売場の所在地に保存しておかなければなりません。

なお、保存期間は、「輸出物品販売場を経営する事業者が免税対象物品を免税で販売した日の属する課税期間の末日の翌日から2月を経過した日から7年間」と定められています。

免税の免許取得を検討するのであれば、国税庁のHPに説明や各種申請書が掲載されています。地域管轄の税務署へお問い合わせになることをお勧めします。なお、日本の消費税の税率(2012年9月現在、5%)が、今後アップします。インバウンドにおける免税の重要性はますます増すでしょう。

ファムトリップ（Familiarization Trip）

ファムトリップ（Familiarization Trip）とは、観光地などの誘客促進のため、海外の旅行事業者や有力バイヤーやメディアの方々などを対象に日本の各地に招待し、現地視察をしてもらい、その良さを知ってもらうためのツアー企画のことをいいます。その土地の魅力や当地の情報を知ってもらうこと、また実際に観光地を訪れることで、どうすれば送客しやすくなるか具体的に確認しあうといったことが目的で行われます。通常ファムトリップは招待であり、渡航費や宿泊費用などをこちら側で負担する必要がありますので、それなりの費用が必要ですが、多くの自治体や企業がこれを実施しています。

先方に対しこちらからしっかりと魅力を伝え、売り込んでいくことももちろん大事なことですが、その一方で、むしろ先方から自らの観光地についての意見や、宿泊施設、旅行プランの組み方について、細かな意見を聞くことも大切です。この点を考えるとファムトリップの招待の対象者選定は非常に重要なポイントであるといえます。適任者を選定するには、どんな人に体験してもらう必要があるのか、どの人の意見を参考にすることが価値あることなのかを事前によく考察しておくことが大切です。なぜならばビザを必要とする国、個人旅行の多い国など、それぞれ国の事情によって旅行を取り仕切る人物像が異なるからです。

また、旅行商品の造成ができる権限を持った、ある程度高い地位の人、ヤル気のある実務者を呼ばないと、現実的な効果はありません。実務を離れた（地位だけが高い）単なる管理職やヤル気のない閑職の人間を呼んでも、儀礼的な交流だけとなり、実質的な成果が上がらないことが多いのも事実です。

2-8 おもてなしインフラの拡充は「社内営業」から

多少前後するが、プロジェクト起動後、まず、着手したのは店舗の多言語化対応だった。中国語だけではなく、英語、韓国語などのコーナーPOP（商品コーナーの案内板）の導入を決めた。当時は中国語のできる大神以外、他の言語のネイティブスタッフがいなかった。

それゆえ、英語や韓国語などへの翻訳を含めほぼ全てが外部への発注となったのだが、翻訳の手間以上に、店舗への導入の際は、予想以上に手間がかかった（なお、この多言語コーナーPOP制作時には、翻訳作業だけではなく、各言語をどういう順番でレイアウトするかで悩んだのだが、空港や鉄道の駅などを参考にして、日本語をメインとしつつ、英語、中国語、韓国語の順番で表記することに決まった）。

前述のとおり、当社には「主権在現」という企業文化がある。各店舗の店長は、いわば各店の「経営者」だ。売上と粗利益を最大化し、同時に販売管理費の最少化と経営利益の最大化に日々務めている。それゆえ、多言語のコーナーPOPを導入する際も、当然その費用対効果について、店長の皆さんに承認してもらう必要がある。

われわれインバウンドチームは各店舗に多言語POPの必要性を説明し、提案した。店長に注文をとって制作会社に発注を出す。店長には「導入してください」ではなく「導入しませんか？」と提案し、注文をとる。

当社において、インバウンドチームに限らず本部の立場は、監査部門等は別として、社内であっても店舗から見ると外部の代理店のような存在だとも言える。主要店舗は意識が高く、多言語ＰＯＰについて、ほとんどが「是非やりたい」と言ってもらえたのだが、費用対効果は厳しくチェックされた。

また、当社は実力主義のため、人事異動も多く、優秀な人材ほど、出世し頻繁に異動する。そんな目まぐるしく担当者が替わる中で、多言語ＰＯＰ一つを導入するのにも、その途中で店長が変わり、新任の店長がやって来たりすると、またその必要性の説明から入らなければならなかったこともあった。

それでも、大多数の店舗で、多言語ＰＯＰの導入が受諾され、われわれは必要数を制作して、店舗に納めた。その結果、主要店舗には、またたく間にしっかりと多言語ＰＯＰの案内板が設置された。その後は、こちらからその都度、働きかけるまでもなく、新店オープンのたびに、当社のインバウンド対応の基本インフラとして、各言語のコーナー案内板が配備されるようになった。

実際、われわれはドンキの各店舗を自分たちの大切な盟友、パートナーと見立てて業務に取り組んでいる。ある支社の店舗では銀聯カードを入れたが結果がおもわしくなかったので、取り外されて新店に移設されてしまったこともある。

効果が皆無だったわけではないが、費用対効果に見合わなかったと判断されてしまったのだ。銀聯カードの決済対応は経営陣からの指示ではあるが、費用は各店舗で出しているので、本部の意向は絶対ではない。

いずれにせよ、こうして、ほとんどの店舗で多言語ＰＯＰが導入でき、その結果、海外からのお客様に、

「ドンキでは、買いたいものが、すぐ分かる」

「時間がない中で、母国語の表記があると時間が節約できる」

などのコメントがもらえるようになり、旅行代理店からの評判も上がった。われわれの小さな努力はおおいに報われたのだった。

2-9 サプライアー各社との連携が始まった

中国現地の旅行代理店へのアプローチと平行して、国内の旅行代理店など観光事業に関わる各所にも声をかけ始めた。

また、日本で行なわれている観光に関する商談会、ＶＪＴＭ（VISIT JAPAN Travel Mart、当時はＹＪＴＭといっていた）や、その他の日本政府観光局（ＪＮＴＯ）などが主催する商談会などにもブースを出展し、商談会に積極的に参加した。そしてその商談会で知り合った海外の旅行会社に対し、営業活動も展開した。

日本国内も、東京にとどまらず、北海道や大阪などの、旅行会社、ツアーオペレーター各社との連携も始まった。少しずつ訪日観光客を送客していただくようになったが、当時は店舗のほうも、まだ受け入れに十分に慣れていなかった。その都度、中国語ネイティブの大神が店舗の受け入れサポート役として、各地の主要店舗へ出向くなどして対応をした。

大阪の道頓堀店に１００名を超えるツアーの訪日客を送客していただいた際には、店長も自ら店頭に立ち、中国人観光客の皆様を積極的に対応してくれ、旅行会社からも、高い評価をいただくようになった。

ただ、旅行代理店の方も、初期の頃はディスカウントショップというと訪日客が喜ぶからか、コミッションを求めることなく気前よく当社に訪日客を連れて来て下さっていたが、次第にインバウンドの市場が拡大し、訪日旅行客の来店頻度が増えるにつれて、「たとえささやかな料率でもいいのでコミッションが設定できないか」というリクエストが増えるようになった。

それはそのとおりだった。彼らはボランティアではなく、われわれと同じ営利企業なのだ。旅行代理店は、小売業ではない。航空券やホテルやバスの手配や斡旋をして、そのサービスの対価として得られる手数料（コミッション）こそが、その収入のすべてなのだ。それを支払うスキームがなければ、関係は発展しないし、長続きしない。

そこで、経営陣に相談して承認をもらい、一つの実験をすることを決めた。これまで課題となっていた、コミッションを払うシステムを考案したのだ。

いや、コミッションというにはおこがましいほどの、ほんのわずか数％の料率ではあるが、急ごしらえのアナログの手数料還元スキームを作ったのだ。簡単なクーポンの多言語リーフレットに、紹介者である旅行代理店のスタンプを押して配ってもらい、店舗でのお会計時に、そのクーポンを持ってきた外国人観光客の売り上げレシートと一緒にホッチキス留めする。それを後で、本社のインバウンドチームの手元に集めて手計算で集計して、先方の旅行会社等にささやかな率のコミッションをキックバックする仕組みだった。

最初は、東京の新宿店限定で始めた。レシートをホッチキス留めしただけのものなので、当然、コンピュータシステムには非対応の極めて原始的なやり方だ。それゆえ、新宿店以外への展開はほぼ無理だった。非常に手間がかかる上に効率も精度も低い仕組みだった（当初はそれなりに好評だったが、店長や担当者が変わると、この煩雑なオペレーションを維持するのが次第に難しくなった）。

そんな中、２００９年を迎えた年初そうそう、商談会で知り会った新宿のあるホテルの宿泊支配人から一つのオファーが舞い込んだ。

「御社と提携して、海外からの宿泊客に特典を提供したい」

ホテル側が訪日外国人の宿泊客に対し、当社の店舗で割引の効くクーポン券を配りたいというのである。

そのホテルの宿泊外国人は、団体観光客というよりは、ＦＩＴ（個人）の観光客がメインだ。ＦＩＴの観光客には当然ガイドも添乗員もいない。だから、彼らは食事も何もかも自分でソリューションしなければならない。

都内新宿のホテルには、夕食を終えた夜の時間帯、そうした手持ち無沙汰のＦＩＴのアジアからの外国人観光客が数多く滞在している。そういった方々にお得なショッピングのサービスを提供できないかと考え、支配人は新宿地区の家電量販店や各デパートに声をかけていたという。しかし、家電量販店からは断られ、デパートは様々なテナントが入っているため全館を通した一律的なサービスができないからという理由で断念され、思ったような返事をもらえなかったらしい。何より、それらの商業施設では夜の営業時間が限られていることもネックだった。

そこで、業界の商談会で出会った私に声をかけてくれたのだった。

思えば、われわれが海外旅行をした時、一番信頼でき、一番頼りになるのは宿泊したホテルのホテルマンだ。コンシェルジュ機能を持ったホテルと連携をするのは非常に頼もしい。

前述のとおり、われわれには既に２００８年のＣＩＴＭへの出展のために作ったマップ付きのリーフレットがあったが、このマップ上には、いくつかの目印となる新宿の施設とドンキしか掲載されていなかった。今度はホテルからお客様を送客してもらうのだから、ホテルと当社店舗を結ぶマップが不可欠となる。新しいリーフレット＝ツールの作成が始まった。

しかし、社長室に在籍している私のもとには、当然のことながら様々な経営課題がやってくる。実のところ、インバウンド事業の他に、各種の新規事業の案件が舞い込んでくる。そうした業務に割くための時間が、２００８年の暮れ、中国上海のＣＩＴＭから日本に帰ってきたとたん劇的に増え、インバウンドよりもむしろ、それ以外の業務が忙しくなっていた。正直に申せば、一連のインバウンド業務は、必然的に片手間のようなものになりかねない状況だった。

特に２００９年はほとんど身動きが取れなかった。免税の申請、基本インフラの整備と維持が精いっぱいで、当然、海外の旅行博覧会に出展するような余裕はなくなっていた。明けの２０１０年の２月の末までは、大胆な施策を打ちたくても打てる状況ではなくなっていた。それゆえ、すべてのインバウンド関連業務は、そうした業務の合間に何とか時間を作って行わざるを得なくなっていた。

そうしたインバウンド以外のプロジェクトからようやく手が離れ、状況が一変したのは、２０１０年の3月1日のことだった。このタイミングで、インバウンドプロジェクトは、名称も「インバウンド&地域連携プロジェクト」と改称し、陣容も拡充した。ようやくインバウンド戦略のチーム体制が確立したのである。そして、この時から、地域との連携ということを強く意識し始めるようになった。

2-10 「ようこそ！カード」と短冊マップの誕生

２０１０年の3月以降、インバウンド業務に集中できるようになると、訪日観光振興のための施策は一挙に加速した。従来、当社の店舗案内といえば、多言語のホームページしかなく、ドンキ店舗だけの、いわば「点」情報だった。

当然、それでは足りない。それゆえ、われわれは大至急、多言語マップの充実を図るこ

»»「旅行会社（トラベル・エージェンシー）」と「ツアーオペレーター」

旅行会社（トラベル・エージェンシー）が旅行者のために海外旅行のツアー手配を行う場合、直接海外のホテルやバス会社と連絡して手配することは稀で、通常は「ツアーオペレーター」と呼ばれる現地手配を専門に行う会社に委託をしています。

ツアーを企画する旅行会社から委託を受けた「ツアーオペレーター」は、旅行会社の指示により、旅行者が現地で利用するバスなどの移動手段やホテル、食事、観光、ガイドなどを確保する業務を行います。この際に、地上（Land：ランド）の手配が多いことから過去の旅行業界では「ランドオペレーター」と呼ばれていましたが、近年は航空券なども含めて手配を行うことが増えてきたため「ツアーオペレーター」という呼称が一般化してきています。

訪日旅行者から見た場合、日本国内の「ツアーオペレーター」は旅行契約を交わした本国の旅行会社（トラベル・エージェンシー）とは別の法人です。

特に中国においては、本国の旅行会社が日本をよく知らないまま、日本のツアーオペレーターに任せっきりでツアーを催行していることがよくあり、正確な情報が訪日客に伝わっていないというケースもあります。このことは、ツアーを企画する、旅行会社（トラベル・エージェンシー）側に正確な情報を伝えておくことがより重要であることを示しています。とりわけ訪日にビザが必要となる国においては、団体・個人旅行ともにビザの取得などで旅行会社が利用されることが多いため、現地旅行会社の担当者へ直接、詳細な情報を伝えておくことはとても大切なことなのです。

団体ツアー（GIT）と個人旅行（FIT）

旅行用語で「FIT」とは「Free Independent Travel」の略称で、主に個人旅行のことを指します。自分で旅行を手配し、自分の意思で動く旅行です。これに対し、団体旅行は「GIT」と呼ばれます。「Group Inclusive Travel」の略称です。

アジアからの訪日観光客の場合、多くの方が最初に選択するのが団体旅行です。訪日団体旅行の多くはゴールデンルート（P135参照）と呼ばれる観光ルートを5～6泊で周ります。ツアー料金は安いものだと約40,000円で、主に中華系の会社が実施しています。オプション選択が可能なものもありますが、一般にオプションを追加すると料金が加算されます。

団体旅行には優良なツアープランも多く存在しているのですが、低料金を売りにしている格安ツアーの中には、粗悪なプランもあり、これが今日問題視されることが多いようです。格安ツアーはコスト削減のため、正式な資格を持たない日本在住の留学生などを無資格ガイドとして雇用するケースが多く、これら無資格ガイドは報酬も低く（もしくは無料で）設定されていることがほとんどです。その低（無）報酬をカバーするために、お土産をツアーバスの車内で旅行客に法外な高額で売りつける、超高率コミッションの土産物屋に誘導する、といった心無い対応がとられることも頻発しているようです。そのため日本の「おもてなし」や魅力が十分に伝わらないままに不満を持って帰る訪日観光客の方々が多く、訪日旅行リピーターの芽を摘んでしまう存在といえます。法による規制など、国としての毅然たる対応が求められるところです。

こうしたGITのツアーに対して、自由度の高いFIT用の個人ビザは中国においても2009年から発給が拡大し、2010年7月から段階的に緩和され、2010年からは何回でも日中間が行き来可能なマルチビザまで発給されるようになってきました。個人観光の解禁開始から経過期間が短いこともあり、2010年の中国からの個人旅行者は全体の20%以下にとどまっていますが、これは20年程度前の日本や、数年前の韓国や台湾と同じくらいの水準であるといえます。日本や韓国、台湾がその後、海外の個人旅行が主流になったことを考えると、中国の海外旅行も成熟化が進み、FIT（個人旅行）が増えることが予想されます。

とにした。それが、ホテルと当社の店舗を赤い線で結んだマップだった。A4用紙の3分の1の大きさの縦長のマップ（短冊マップ）である。同年4月に完成した東京の新宿地区を皮切りに、池袋、北海道の札幌、羽田空港の近くの蒲田など4地域の各ホテルに声をかけ、業務提携の契約を結んだ。そして、それぞれの地区の、特製の多言語の短冊マップを作り、後述する「ようこそ！カード」という特典つきのカードと一緒に、ホテルマンの方々に外国人観光客がチェックインする際に、手渡してもらうスキームを作った。サービス対象地区は、2010年の春以降、順次順調に拡大していった。

ただし、新宿を例に取ると、その中身は新宿の2店舗（新宿東口店、新宿店）と提携先のホテル群だけが載った、いわゆる「点と線」の状態だった。

すでに、前述のとおり2009年の段階で、新宿のホテルからは、訪日客向けの特別割引特典を設けて欲しいという要望が来ていた。まだ、ドン・キホーテの存在を知らない外国人観光客を店舗に送り込むには、宿泊客に「この店に行きたい！」と思わせるようなメリットがなければならないからだ。しかし、当社はディスカウントストアとして、真っ正直なギリギリの値段で売っているので、新たな割引というのは現実的には難しい。

その時以来、訪日客のためのもっと魅力的な特典を作りたいと、ずっと強く思っていた。しかし、顧客に還元するための原資が限られている中、すぐに妙案は浮かばなかった。

ちょうどそんな時、2009年の暮れのことだったと思うが、どうしたものかと思案していた中、東京中央支社の竹内三善《みつよし》支社長に相談した。すると、すかさず、

「ああ、中村さん、いい案がありますよ。新規の特典を作る必要はありません。ちょうど社内全店で始まったばかりの日本人向けの顧客還元サービスのための会員制のカードである『ブランドメンバーズカード（BMC）』の仕組みを応用したらいいじゃないですか」

と、実にさらりと、しかし実に適格なアドバイスをしてくれたのだった。

BMCカードは、500円払って会員になると、特定のスーパーブランド品が優待価格で買えるという特典がつく。会員になるには、入会金はかかるものの、日本人のお客様が争って入会しており、評判のいいサービスとして好スタートを切っていた。

支社長の竹内は、これを外国人観光客相手にも適用したらいい、というタイムリーな提案をしてくれたのだ。訪日客、特にアジアからの訪日客は、とにかくルイ・ヴィトンやロレックスやオメガのような、スーパーブランドに目がない。それが会員価格で買えるのだ。彼らにとって、この上ないメリットになるに違いなかった。

日本人のお客様会員の特典と同じサービスを外国人のお客様にも等しくユニバーサルに提供するというのが、竹内の発想だった。しかも、ワンタイムの訪日客には、日本に居住して複数回会員の権限を行使できないわけだから、入会手続を求めることなく、また無償

で提供してはどうか、という提案だった。

この柔軟な発想に自分は驚き、すぐに共鳴して、さっそく社内の調整を迅速に行い、準備にとりかかった。そして、その名称を「ようこそ！ディスカウントパスポートYokoso! Discount Passport」（通称「ようこそ！カード」）と名付けた。「パスポート」とは、どこでも通用する「旅券・通行許可証」という意味だから、「今後、ドン・キホーテの店舗に限らず、日本中どこでも何らかの特典をもらえるカードにしたい」というひそやかな夢と願いを込めて名付けたのだ。

この「ようこそ！カード」は、ただの会員証代わりの紙切れではなかった。「ようこそ！カード」は、先ほどのBMCカードを含め、もともと当社のCRMシステム（顧客管理プラットフォーム）に準拠したものだったので、カードの裏面には、そのカードに固有のバーコードの数字が印刷されている。つまり、全部のカードが一枚一枚ユニークで、一枚たりとも同じ番号はない。まさに会員証と同等のスペックと機能を備えているのだ。

それゆえ、あらかじめ、提携旅行会社や各地の提携ホテルへの「ようこそ！カード」の送付の際に、そのバーコードをその配布元の各提携会社にひもづけさえしておけば、そのカードをもらった訪日客が当店でお買い物をした際、店内のPOSレジでカードを提示し、その裏面のバーコードをスキャンされることにより、どの提携会社が配布したカードが、全国のドン・キホーテ店舗で使用されたかが、立ちどころに分かるようになる。これにより、当社は、まるでカーナビが搭載された自動車のように、常に自社のインバウンドの市場動向がリアルタイムに分かる仕組みを手に入れることになった。これが、後に大きな恩恵をもたらすことになる。

また、以前、新宿店限定で取り組んでいたような、紙のリーフレットによる、提携旅行会社へのアナログのコミッション還元の仕組みと違い、すべてが前述のようなコンピュータシステム上で自動処理されるため、店舗側は、ただ訪日客が持ってきた「ようこそ！カード」をスキャンするだけで済み、煩雑な手順は不要になる。また本社の方も手計算は必要なく、実績に応じた正確な手数料を提携先に支払うことが可能になる。大きな進歩となるのは間違いなかった。

着手の時点から、カードの制作、システム構築とスキーム作りに数か月を要したが、インバウンドプロジェクトが本格稼働することとなった直後の２０１０年の４月には、満を持してリリースすることができた。

そして、都内各地区および札幌地区のホテルのフロントのカウンターで、この「ようこそ！カード」と各地区の短冊マップのセットを配布していただくことになったのだ。

当初は、前述のＢＭＣカードのサービス稼働後間もなかったこともあり、会員価格対象の割引アイテムは少なかった。そのため、外国人観光客に需要があるブランド品に限らず、各種の特定アイテムを店舗側であらかじめピックアップしてもらい、その商品に多言語の「YOKOSO!プライス」という店頭売価よりも10～30％ほどの割引価格で買えることが明示されたシールを、店舗側で貼り付けてもらった。

なお、「ようこそ！カード」を店舗のレジで提示して買い物すると、訪日客の皆さんには、上記の「YOKOSO!プライス」タグのついた商品を会員価格で買える特典の他、特製の「エコバッグ」や「折り畳み傘」や「ボールペン」のいずれかが必ずもらえる、空くじなしのスクラッチくじを引くことができる特典を提供していた。

劇的な変化があったわけではないが、この新サービスは、ホテル側からの評判も、訪日客の皆さんからの評判もまずまずだった。しかし、改善の余地は無数にあった。

2-11 訪日客は宿にではなく、街にやって来る

それまでは時間を割いて、外部のセミナーや講演会に出席する余裕がなかったが、2010年3月、インバウンドプロジェクトが本格化して以降、積極的にインバウンドのセミナーに出席して学び、情報を集め、どうすればよりよい成果を手にし得るかを模索しはじ

マップの変遷

ドン・キホーテ単独の地図

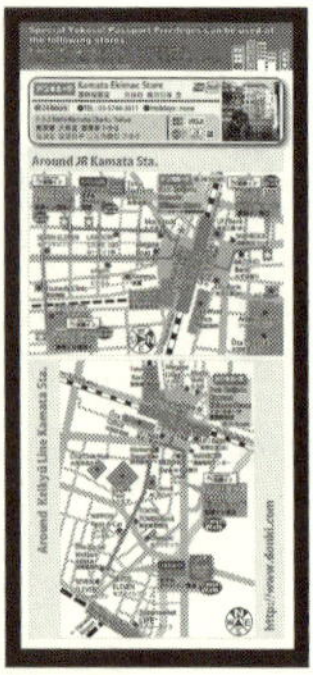

「点と線」だけの「短冊マップ」

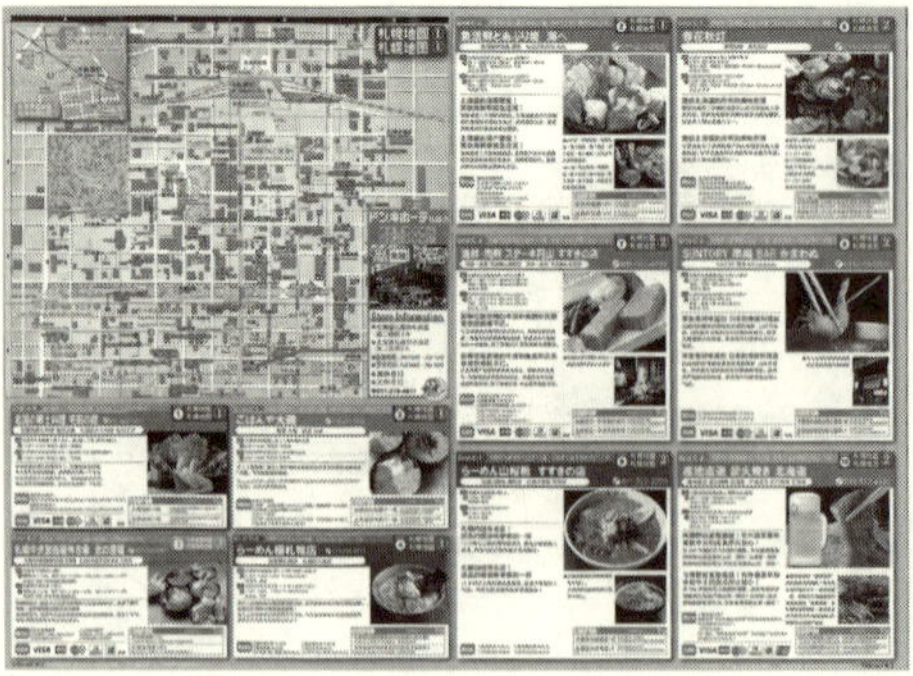

札幌店をはじめとする北海道の各店舗の周辺施設や飲食店などの“街”の情報を掲載した「ようこそ！MAP」

めた。
日本のインバウンド業界をリードしているポータル・ジャパン株式会社という会社が、その頃すでに「やまとごころ勉強会」という人気セミナーを毎月開催していた（もちろん現在も開かれている）。そのセミナーで、ちょうどこの年の3月末に、「澤の屋」という小ぶりな旅館を東京の下町の谷中《やなか》で経営している、澤《さわ》功《いさお》さんが講師をつとめられるという耳寄りな情報を知った。澤さんは、訪日観光関係者としては大変著名な方だったので、いつか一度お話を聞いてみたいと思っていた。それで、さっそく予約を入れて出席した。

澤さんの話は、その後の当社のインバウンド戦略に大きな影響を与えるほどの刺激に満ちたものだった。「澤の屋」は、以前は東北地方からの修学旅行生などを主な収入にしていた。しかし、時代が変わり、修学旅行生がほとんど駅前のホテルに泊まるようになり、旅館にはしだいに泊まらなくなった。宿には畳と小さな洗面所があるだけ。風呂もトイレも共同で、客室はほとんどが四畳半の狭さ。近代的なビジネスホテルにはかなわない。澤さんは婿養子で、宿の経営はお義母さんがずっと取り仕切っており、「うちのような旅館は地域は関係ないから町内会なども参加しなくていい」といわれ、まったく街と関係なく、次第に需要の減りつつあった修学旅行の受け入れや商人宿としてやっていた。晩御飯も出すし、朝御飯も出す。経営はじり貧だった。

そんな中、町内との関わりを敬遠していたお母さんが亡くなった。葬式を挙げた。しかし、街の人たちはお焼香にも来てくれない。ごくわずかの弔問客に「上がって焼香して行って下さい」とお願いしても畳に上がってもくれない。澤さんは長野県の出身で、田舎ではこんなことはありえないと衝撃を受けたという。

そして、代替わりしたこともあり、澤さんは、こんなふうにいつまでも町内に背を向けて商売していてはいけない。自分の代からは町内の人たちと積極的に交流しようと心に決めた。そんな時にJAPAN INN GROUPという、外国人を積極的に受け入れようという活動をしている旅館の団体に加わった。このまま国内客ばかりを相手にしていて旅館が存続できないのなら、いっそのこと外国の人たち、特に欧米の人たちを泊めるノウハウを学び、本格的にインバウンド中心の宿に切り替えることにしたのだ。そして英文のホームページを立ち上げ海外からの集客に乗り出した。

宿のある谷中は、東京藝術大学の裏手の下町で、戦災をのがれた江戸情緒の残る街だ。すでに、コストカットのため、晩御飯を出すのは止めていたので、「澤の屋」で提供できるのは朝御飯だけ。それゆえ、夜のソリューションがない。そこで主に晩御飯が食べられる食堂の場所を教えるために、手書きの英文町内マップを手作りで作って海外からの宿泊客に無料で配って案内するサービスを始めた。

すると、欧米からのお客様たちは、喜んで街の総菜屋でお惣菜やおにぎりを、酒屋ではビールを買い求め部屋で食べたり飲んだり、銭湯に行ったり、髪を日本でも切ってみたいと床屋に行ったりするようになり、狭い町全体で何でもソリューションできるようになった。むしろ宿の中で何でも完結するより楽しいようなのだ。

澤さんはお義母さんが亡くなった時、町内と疎遠にしてきたことで焼香にも来てもらえなかった悔しさから、地域の人たちと積極的に交流していくことを心に決め、海外客を受け入れ、手書きの英文マップを提供し、街ぐるみで訪日客をもてなすことを選んだわけだ。

私は、澤さんの「マップ」に大変興味をそそられ、講演が終わると、さっそく澤さんのもとにあいさつに伺い、その手書きのマップをいただいた。今も手元に大事にとってある。そのマップはけっしてカラーの豪華なものではないが、手作りのぬくもりがあった。

そして、当社が「ようこそ！カード」と一緒に訪日客の皆さんに配るべきマップは、澤さんのこの手造りの英文マップのようなものでなければならないと、この時強く思った。

また、5月にはトラベルジャーナル社の主催するセミナーにも続いて参加した。そこでは、東京日本橋のロイヤルパークホテルの中村裕顧問の講演を聞いた。

このホテルでは、海外からの宿泊向けに、ホテル周辺に位置する焼鳥、天ぷら、寿司、蕎麦、すき焼きなどの〝英文メニューを備えた〟名店・老舗飲食店を案内するための、日本橋の街全体を紹介する英文の散策マップを作っているということだった。もちろん、同ホテルは（澤さんの旅館と違って）大きな宿泊施設だから、幾つものレストランが館内に完備されている。

それゆえ、館内では、

「なぜ、よそのお店の宣伝をするのか」

「せっかくの海外宿泊客が外に流れてしまうではないか」

という強い批判があったという。当然のことだろう。手間をかけ制作費もかけて作った英文マップで、自館のライバルとなる飲食店を宣伝するというのは、普通であれば考えられない。

ところが、そうした反対意見をうまく調整し、あえてこのバイリンガルマップを作ったことで、逆にそれまで以上に外国からの宿泊客が増え、館内の各レストランの訪日客売上ももむしろ上がった、という。

なぜか？　私も実際にこの界隈に足を運んだことがあるが、このホテルのある人形町の街並みには、今も江戸情緒が残っていて、見どころ・食べどころが数多くある。それで英文マップを見てこれらの店に出向き、その味を楽しんだ訪日客が、リピーターとして同ホテルに宿泊したり、同時に周りに口コミで広げてくれたりした。そして来客の絶対数が増え、自ずから、館内の各レストランへの訪日客も増えたというのだ。

3月に聞いた澤さんの話と、この中村さんの話には共通点があった。それは、徹底した顧客目線に基づいた発想である。自分たちの都合以上に、訪日する旅人の目線に立っておもてなしをしている。立て続けに、インバウンド業界の大先輩の先進的なお話を聞いて、私は深い尊敬の念をもって共感し、同時に彼らに遅れをとるものかと、より一層発奮した。

2-12 「ようこそ！マップ」の誕生――「点」から「点と線」へ、そして「面」へ

そうした勉強を続けている時期に、連携していた各ホテルのホテルマンの皆さんから、意外な、そして当然な要望を受けることが多くなった。各ホテルでは、「ようこそ！カード」と一緒に多言語の短冊マップを手渡してもらっていたが「ようこそ！カード」を実際に使ってみた宿泊の外国人観光客から、

「ホテルとドンキの位置情報だけでなく、街全体が分かるもっと大きなマップがほしい」

「ホテルとドンキを結ぶだけでなく、街のグルメ情報や観光情報が入った地図が欲しい」

といったような要望が多数寄せられていたのである。

当社のインバウンドチームは、観光ガイドを作って収益を上げるべき出版社ではない。

あくまでドン・キホーテに外国人観光客を呼び込むのが仕事だ。自社の資金を使って他のお店の紹介をすることは当然、業務外となる。

しかし、それ以前にドンキという会社には何よりも優先すべき理念がある。それが「顧客最優先主義」だ。

どこまでその理念を具現化できるかはコストとの相談となるが、少なくとも訪日のお客様が求めていることはできる限りやりたいし、やるべきだと思った。また、自分の脳裡には、今しがた述べたとおり、講演会で知った、澤さんと中村さんの英文マップの存在が、常にあった。

訪日のお客様にとって、ドンキと提携ホテルだけでは十分でないのなら、訪日客の皆さんが求めているという、当社の店舗の周りのグルメ情報とそれらのお店のお得なクーポン情報も掲載しようと決めた。しかし、そうなると紙面のボリュームが格段に増え、翻訳やデザイン制作や印刷やデリバリーのコストが増える。澤さんや中村さんのところと違って、うちには何カ所もの拠点があり、1枚のマップではとうてい済まない。そして当社の場合、英語だけでなく、中国語（繁体字・簡体字）、ハングル対応も当然必要だ。

そこで、そのコスト分は、当該エリアの地元の有力な広告代理店に委託し、飲食店や各種観光施設の方々を回り、広告協賛を募っていただくことにした。スポンサーとなる飲食店等のお店は、またたく間に集まった。そして、まず２０１０年の11月、北海道の札幌地区で始めることとなった。

その後、間を空けず、すぐ同年の12月には東京の新宿地区でもスタートすることになり、この通称「ようこそ！マップ」はやがて各地に広がっていった。

最初は要望に応えておっかなびっくり始めたことだったが、これは目に見えて効果があった。「ようこそ！カード」と「ようこそ！マップ」を手にした外国人訪日観光客がドンキに今まで以上に多数来店してくれるようになり、「ようこそ！マップ」に掲載されている飲食店を訪れる外国人観光客もしだいに増え、反響が寄せられるようになったのである。

ただし、まだこの時点では、各地のグルメのお店や各観光施設の方々とは直接的な交流はなく、広告代理店を通しての取り組みだった。また「ようこそ！カード」や「ようこそ！マップ」を外国人の宿泊客に手渡していただく、各ホテルとの連携は本格化していたが、街そのもの、地域全体との交流や提携は、この時点ではまだ実現していなかった。

2-13 音声ペンの導入

２０１０年３月に入ると、自分が手掛けていた他のプロジェクトが一段落して、自分自身がインバウンドに十分に時間が割けるようになったこともあり、わがインバウンドプロジェクトは新しい段階に突入した。そして田原和彦という、新たな人財が、その別のプロジェクトから同年3月1日にインバウンドのプロジェクトの方へと異動してきた。そして新たにイギリス出身の英語のネイティブスタッフも、その春、新規に入社し、われわれのプロジェクトに合流した。

インバウンド推進を図っていく上で、何よりも重要なのは、国内外のプロモーションと共に、外客の受け入れインフラだ。当社のそうした外客インフラを支える重要ツールとして、今や欠かせないのが、「音声ペン」である。

「いらっしゃいませ」

「何かお困りですか?」

「トイレはどこにありますか?」

などというような、音声対応の接客シートに掲載された会話文を音声ペンの先端でタッチすると、各言語のネイティブの音声が流れる仕組みのペンが、音声ペンだ。英語、中国語、韓国語、日本語に対応したものを、2010年8月に主要40店舗に導入した（タイ語対応と対象店舗を100店に拡大対応したのは2011年。全店対応は2012年）。

このペンの導入のきっかけとなったのが、インバウンドチームの新入メンバー、田原だった。

ドン・キホーテの店舗の現場で働いていた彼は、実際に中国人、韓国人をはじめアジア各国からの観光客を相手に常日頃、接客をしていた。入れ替わり立ち代わり実にさまざまな国籍の来店客があるが、言葉が通じない。そのため、彼はお客様が何を伝えたいのかが分からなかった。しかし、中華圏の方であれば、漢字で、少しずつ意思疎通はできた。漢字でコミュニケーションがとれることが分かると、お互い少しずつではあっても筆談の会話が弾むようになったという。

また、こちらがお客様のニーズを知りたいという姿勢を見せ、分かって欲しいと願いながら身振り手振りで一生懸命説明をすると、その思いが相手に通じ、しっかり購入まで至ることが多かったそうだ。

購入して下さったお客様の中には、「また来るからね！」と筆談の用紙に、その思いを書き残して、店を後にされた方も多かった。

私自身も次のようなシーンを目撃したことがあった。２００９年の秋の頃だっただろうか。親しい中国の友人から、中国人観光客の団体を引率して来店するという知らせが入り、ネイティブスタッフの大神と共に、秋葉原店に出かけた。友人との約束の時間よりもずいぶん早く店についたため、大神と私は、ゆっくりと店舗の中を視察していた。すると、２

人の中国人男性観光客が、急ぎ気味の様子できょろきょろしながら駆け足で、私たちの脇を通り過ぎた。

中国語のできる大神が、すかさず声をかけたところ、その二人は、「集合時間まで10分しかないんだけど、欲しいデジカメがどこにあるのかわからない」という。

そこで、大神がすぐに店内の家電のコーナーへと案内し、家電担当者の説明を即座に通訳し、丁寧に商品の説明を行った。

すると、バタバタとした中での対応だったが、その中国人観光客は最新のデジタルカメラを2台購入し、免税手続きまで済ませて、大変満足して店舗を後にした。帰り際には、名刺を彼女に手渡して、「ありがとう。また来ますよ」と丁重なお礼の言葉さえいただいた。

訪日観光客、特に団体観光客の皆さんは、限られた自由時間の中で、素早く買い物をしなければならない。あの時、大神が中国語で声をかけていなければ、おそらくあの2人は集合までの10分を、無駄に費やし、手ぶらで店を出ていたことだろう。

私はこの光景をみて、言葉のハードルを越えて即座の対応ができたら、そこには見逃している、大きな市場があると感じ、カギは言語ソリューションだと痛感した。

言葉の壁を取り除き、ニーズに対応するだけで、成果がこれほどまでに違う。

また、私が以前、横浜の山下公園店に、インバウンドとはまったく別の要件で臨店した際に、別の光景も目撃していた。それは、屈強な大柄の中国人の男性客数名に同店の時計宝飾コーナーの女性スタッフが囲まれ、あれこれと質問を受けていたシーンだった。彼らは自動巻きの高級時計を探していた。女性スタッフは、中国語がまったく分からず、途方に暮れていた。「ああ、こういう時に役立つ多言語の接客ツールがあったらなあ」と、その時、痛感した。

実際、外国人観光客の来店頻度の高い地区の店舗スタッフは、常にそのような場面を経験していたようで、田原は店舗での勤務時代に、「筆談すら必要としないような、互いに指で指し示すことで意思疎通が可能な接客会話帳のようなマニュアルがあればいいのに！」という同僚の声を何度も耳にしていた。

「中村さん。ぜひ、そんな接客用の多言語の会話シートを作りましょうよ！」

この田原からの提案をきっかけとして、私は、筆談集の作成に取り組むことを決めた。田原は、手作りの多言語接客シートの原案に取り掛かった。しかし、残念ながらどう見てもダサい。また、すでに各地の自治体や事業者が、独自の接客会話集を作成していることを知り、全国からさまざまなものを取り寄せてみた。しかし、どれもいまひとつもの足りない。

そこで、こういう分野には必ずプロがいるはずだと思い、田原と共にあれこれ調べてみた。するとやはり、専門の会社があった。それが、「情報センター出版局」という会社だった。「旅の指さし会話帳」というベストセラーを出している有名な出版社だ。さっそくアポイントを取って、商談してみることにした。

するの営業の担当者が来社してくれて、指さしの会話帳やシートとは別に、

「実はこういうものがあるんです。」

といって、カバンの中から太めのペン状のものを取り出して見せてくれた。

それが「音声ペン」だった。営業マンの方が、そのペンで接客シートをなぞると、多言語の音声がすらすらと読み上げられる。

ちょっと、大げさに聞こえるかも知れないが、その瞬間、正直いって、度胆を抜かれた。私自身が新し物好きということもあるのだろうが、手品というよりは魔法をかけられたくらい驚いた。

「ちょっと、貸して下さい！」

自分の手で音声ペンを持ち、いろいろシートを触ってみた。すると、不思議なほどスムーズに明瞭なネイティブのナレーションが出てくる。

うわあ、世の中にはすでにこんなに便利なモノがあるんだ。迷っているヒマはない。今すぐにでも、発注したい。これで困っている現場のスタッフの手助けをしたい。訪日客を

喜ばせたい。いや、驚かせたい。と強く思った。

そして、その営業マンに頼み込んで、その日のうちにデモ機を借り、上司やチームの人たちに見せてまわって社内の調整を行い、数日のうちに、導入を決定した。

開発のGOが出てから、完成までには数か月を要したが、「音声ペン」対応の接客シートには、当社の接客マニュアル、そしてクレジットカードや銀聯カードの決済手続きの手順、そして法令に定められた免税のルールなど、実にさまざまなコンテンツを収録した。

以前、税務署から指導のあった、深夜を含む全時間帯における多言語の免許手続きへの対応が、これにより可能になった。そして、あの横浜の「山下公園店」の女性スタッフの顔を思い浮かべ、この新兵器の活躍に強く期待しながら、完成した「音声ペン」のセットを各店に送り届けた。

もっとも、この「音声ペン」が役に立つ機会は、実際のところ、それほど高い頻度ではない。実際、各地の店舗に、直接ヒアリングしたところ、

「たいていのことは、片言の言葉や身振りで通じます。まあ、このツールのおかげで、ああ助かったなあという場面は、月に1度か2度に過ぎません。しかしもし、そうした際にこのツールが無かった場合を考えると、有難みを感じますね」

「店舗の現場では、大切なお守りですよ。普段はそれほど使いません。それでも言葉が通

じなくて困った時にもこれがあると思えるから、訪日客の皆さんへの接客にも積極的になれますね！」

こうしたコメントを聞き、自分もほっとした。「音声ペン」の導入によって、現場のスタッフにささやかな安心が生まれ、勇気が生まれている。そしてその思いが、ドン・キホーテの接客力のアップにつながっている。それはやがて訪日客に伝わり、インバウンドの売り上げに貢献することだろうと感じた。

そして、私はインバウンドにおいて、言葉の壁を超えるソリューションとは、心の壁を超える勇気を与えるソリューションであることを知ったのだった。

2-14 韓国プサンの旅行博BITF2010への出展

2010年の春以降、各ホテルと提携し「ようこそ！カード」と短冊マップの配布が始まり、また多言語対応の店内放送の充実、店内いたるところに掲示された多言語コーナーPOP。免税サービス、銀聯対応店舗の拡大、そして「音声ペン」の導入などと相まって、われわれのインバウンド事業は、一歩一歩前に進み、外国人観光客の売上も破竹の勢いで伸びていった。毎月、銀聯カードの売上、免税の売上、外国で発行されたクレジットカー

Topics

》》》言語対応

海外、特にアジアからの訪日観光客に来館・来店してほしい。でも英語・中国語等の外国語ができないから不安――という声は多く聞かれます。確かにネイティブスタッフを揃え、館内サインやアナウンスも多言語化対応済み、いつお越しいただいても万全の態勢、という状況は心強いですが、何においても段階があります。万全の態勢を整える前に、まず来ていただくことが何より重要です。地方の観光地や個人商店は、最初はあまり予算をかけず、スタッフ全員が基本的な外国語での受け応えができる、といった程度のスタートで十分ではないでしょうか。最近では日本語と外国語が対訳になっている「指さし会話帳」という書籍シリーズも発刊されており、ドン・キホーテでは該当個所を専用のペンでタッチすると、各言語の音声が再生される「音声ペン」の無料貸し出しサービスを特定地区で行っています（2012年10月1日現在）。基本的な挨拶を覚えたら、これらのツールを積極活用し、コミュニケーションを図ってください。

そもそも、私たちが海外へ旅行した時のことを考えてみてください。簡単な日本語で「歓迎」のカードが貼られているのを目にしたり、つたない日本語でも必死にコミュニケーションをとろうとしてもらうだけで、嬉しいのではないでしょうか。外国から日本にいらっしゃる観光客の方々も、全く同じです。訪日観光客を誘致したいのであれば、最低限の言葉の準備は必要です。でもそれ以上に必要なのは、旅人目線に立った日本の「おもてなし」の心と熱意に他なりません。

一方で、そうはいっていられないのが、東京や京阪神、札幌、福岡などインバウンド顧客獲得競争が激しい大都市圏に立地する大型小売店（百貨店や家電量販店、ドン・キホーテも一部含まれます）です。これらの店舗では外国語に加え、商品知識を持った店員の接客が購買に直結します。アジアからの訪日観光客の多くはショッピングに熱心であると同時に、購入判断もスピーディー。このような大都市エリアでは商品の概要がよくわからないとすぐにその店舗での購入を取りやめ、他店へ移動されてしまいます。訪日観光客の来店によってどれだけの売上と利益が計上できているのかを確認された上で、受け入れ態勢づくりに割ける予算をきちんと割き、ビジネスチャンスを逃さないような環境をつくっておくことが重要です。

ドなど、インバウンドの売上が急伸していた。

そうした中、忙しくも充実した日々を過ごしていた私の脳裡に、一つ鮮明な残像がよみがえってきた。それは、２００８年11月の上海のＣＩＴＭで目にした光景である。

初めて参加した上海の旅行博で、来場者に手渡したパンフレットの一部が、よその空きスペースに無残に捨てられていた光景を私は決して忘れてはいなかったのだ。

その最初の雪辱の機会は２０１０年の初秋に訪れた。

同年の9月、韓国のプサンで旅行博「ＢＩＴＦ（プサン国際観光展）」が開催され、そして11月には、あの２００８年以来、上海では2年ぶりに開催されるＣＩＴＭが控えている。

当社はこれら二つの旅行博にこの年の秋、ダブルで参加することに決めた。そして、9月の初旬、われわれは、元気いっぱいにプサンの旅行博の会場に足を踏み入れた。およそ2年ぶりの海外での国際旅行博。プサンのＢＩＴＦのブースにおいては、こちらから手を伸ばしてパンフレットを配ることはやめることにしていた。手渡せば、本来欲しくない人も、つい手に取ってしまうのは当然だろう。自分自身も、国内の各業界の見本市に出向く際、美人のイベントコンパニオンのお姉さんに「どうぞ！」と笑顔で手渡されると、つい欲しくないものでも受け取ってしまう。紙類は量が増えると、意外とこれが重くなる。

2010年9月、韓国・プサンのBITF会場にて

欲しくないのにもらったものは、やはり捨てたくなるものだ。

それゆえ、プサンの会場には、〝配らなくても、来場者が欲しいと思って手に取りたくなるもの〟をめざして、各種のツール類を準備して持って来た。

ブース内のカウンターの上には「ようこそ！カード」と多言語のリーフレット、韓国語の札幌と東京と蒲田と池袋の、最新の色鮮やかな短冊マップを並べた。また、このＢＩＴＦへの出展を決めた時点で、韓国語のネイティブスタッフも既に採用しており、イベントにも当然一緒に出張した。なお、この韓国人スタッフがわれわれのプロジェクトに加わったことで、英語、中国語、韓国語という3つの基本言語のネイティブが勢ぞろいすることになった。

なお、今回のプサンで当社が出したブースにおいては、装飾に過度に投資をすることを控え、ポスターを貼ったりして、十分に目立つけれど、ローコストなものにした。08年11月のCITMでは、初めての出展ということもあり、気合が入りすぎ、装飾にそれなりの投資をして華やかさを演出したが、そこにそれほど多額のお金をかける必要がないことに気づいたからだ。

より力を入れるべきは、具体的に「ドン・キホーテ」に興味を持ってもらい、日本最大級の、このディスカウントストアの名前を憶えてもらうこと。そして、実際に日本に行って、店舗に来店してもらうように案内することだ。韓国語のネイティブスタッフもいるので、どんな質問にもしっかり答えることができる。

このBITFでは、日本で幕末から明治初期にかけて生まれ、近代以降、世界各地に広がり、いまやほとんどの国で普及している「じゃんけん」のイベントを行い、来場者から注目を集めるように工夫した。意外と知られていないが、「じゃんけん」文化は、柔道などと同じく、日本発祥の世界的な文化なのだ。イベントは連日行った。

「じゃんけん」の韓国語の掛け声は「カウィ（鋏）・バウィ（石）・ボ（布）」である。来場者が、あらかじめ決めた回数勝ち進むと、当社オリジナルのミニタオルやボールペンなどのプレゼントがもらえるようにした。プサンの人々はそんなささやかなノベルティにも大喜びしてくれて、大いに盛り上がった。この「カウィ・バウィ・ボ」のゲームイベントを通して、プサンでも日本の「ドン・キホーテ」という名前の店に興味を持ってくれる人が確実に増えた。

興味が湧くと、自然と当社のマップや「ようこそ!カード」やリーフレットにも手が伸びるし、人は自分の意思でもらったものは捨てない。イベントが盛り上がると、自然とブースに人だかりができる。来場者がどんどん、「何だろう、何だろう」と集まってきて、気がつくと、あっという間に当社のパンフやマップ類がなくなっている。それでも、少なくとも私は会期中、会場で捨てられている、ドンキのツール類を見ることはなかった。

なお、来場者の皆さんがリーフレットを手に取る際には、必ずひと言聞くように心がけた。

「日本に来る予定がありますか?」

「えっ、日本に今度来られるんですね。日本のどこに行くんですか?」

もちろん、行く予定がなくてもいい。日本に、そしてドンキに興味が湧いた人は、争ってマップやリーフレットを持って行ってくれた。

この作戦で思わぬ気づきも得た。「今度、日本のどこに行きますか?」と聞いたところ、福岡や長崎、別府（大分）など九州を挙げる人が実に多かった。大阪も比較的多かった。ソウルからは日本全国に出かけるが、プサンからは東京や札幌よりも九州や大阪が近く、行きやすいのだ。

2-15 2年ぶりの上海CITMでの挑戦

また、同年11月には上海のCITM2010にも挑んだ。プサンでの経験を活かし、さらに工夫をこらした。ブースの最前列には、「ようこそ！カード」と共にずらりと各種マップ類を並べた。

しかし、何といっても、今回のCITMの目玉は「ようこそ！マップ」のデビューだ。できたての、中国の人たちに大人気の北海道の「札幌版」を、大量に会場に持ち込んだ。中国では、2008年公開の中国映画『狙った恋の落とし方』（中国語原題『非誠勿擾』）が大ヒットし、当時その舞台となった北海道の認知度と人気が急激に高まっていたのだ。

この「ようこそ！マップ」には、ドンキ札幌店の周囲にある、すすきの地区の美味しいカニや海老等の海鮮料理店、札幌ラーメン等のグルメ情報が二十数店舗分も掲載されており、来場客が上海でもプサンのＢＩＴＦの時と同じく、いやそれ以上のスピードでどんどん手を伸ばしてもらっていく。決して表で手配りなどはしない。それでもまたたく間に、「ようこそ！マップ」がなくなっていく。嬉しい悲鳴だった。

そして、ここＣＩＴＭの会場でも、「ようこそ！カード」や「ようこそ！マップ」を並べたカウンターの脇で、じゃんけん大会を開催した。中国語のじゃんけんの掛け声は、「一二三《イーアーサン》」だ。「一二《イーアー》」が「ジャンケン」で、「三《サン》」が「ポン」だ。上海でも、じゃんけん大会は大いに盛り上がった。行列の最後が見えないくらい来場者が集まった。会場の警備員が自主的に交通整理を笑顔で行ってくれ、和気あいあいのイベントとなった。

上海では、じゃんけんに加え、アンケートも実施した。

プサンの来場者とブース内で会話を交わしたことで「プサンからの訪日観光客は東京よりも九州、そして大阪が圧倒的に身近だ」というようなことが分かった。これは2年前のＣＩＴＭの一方通行的なＰＲ手法では、つかみ切れなかったことだった。双方向のコミュニケーションの重要性を痛感した。

そこで、上海では、じゃんけんイベントでの、双方向的なコミュニケーションをとる働きかけへはもちろんのこと、さらに専用のアンケート用紙を大量に用意し、

・「ドン・キホーテの知名度」

・「日本のどの都市に行きたいか?」
・「訪日旅行の主な目的」
・「日本で買いたい商品」
・「日本でやりたいこと」
・「買い物に行きたい時間帯」

などの項目を詳しく聞いた。そして、アンケートに答えていただいた方々には、やはり特製ボールペンなどのささやかなプレゼントを差し上げた。

びっくりしたことに、当初、中国の来場者の皆さんは、モノ欲しさに集まってきて、ぞんざいな回答をする人が多いのでは、と思っていたが、フタを空けてみると、意外に誰もが一生懸命に真剣に考えながら記入してくれた。それゆえアンケートの集計結果は、信頼性の高いものとなり、その後の当社の対中国プロモーションやPR戦略において、とても役に立つものになった。単なるプロモーションやPRを超えて、結果として上海のCITMはマーケティングにも大いに活用できたのだった。

また、今回のCITMのブースには、「イベントゾーン」と「ようこそ!カード&マップ展示ゾーン」の他に、「商談ゾーン」を設けた。それゆえ、大勢の一般来場者でイベントが盛り上がっている最中でも、中国全土の旅行会社の人々がひっきりなしに「商談ゾーン」に立ち寄ってくれて、椅子に腰かけてじっくり商談ができ、どんどん具体的な商談がまとまった。

また、先ほど述べたとおり、一般来場者が「ようこそ！カード」やマップ類にもどんどん手を伸ばして自らの手で取って持って行った（実際のところ、すぐ隣のイベントゾーンの盛り上がりが、当社の人気ぶりのアピールにつながり、旅行会社や一般来場の人々への説得力にもつながった）。ＰＲのみならず、具体的な業務提携の契約がかなりの数まとまり、マップ類が捨てられている様子は上海においても会期中、少なくとも自分は一回も目にしなかった。

ただ一つ、失敗したことは、あまりにもブースへの来場者が増え、ブース内がてんてこ舞いしていた時、現地でアルバイトとして雇っていた二人の女子大生のうちの片方が、真っ赤な顔を私の耳元に寄せて来て、

「すいません、中村さん。トイレを我慢していますが、もう我慢できません。行って来てもいいですか？」

と、流ちょうな日本語で申し訳なさそうに申し出てきたことだった。途方もない数の来場者が押し寄せ、自分たち自身が対応に夢中になっていて、アルバイトスタッフに休憩の指示を出すのを忘れていたのだった。

「ごめんね。すぐに休憩してください。謝るべきはこちらです！」

今回は、小さな改善と工夫の積み重ねにより、２０１０年のＣＩＴＭに出展した全世界の全ブースの中で、おそらく当社が最も人を集めていたブースの一つになっていたと思う。まだまだ課題の多い未熟なブース運営ではあったが、２年前の初回時に比べると、われわれの取り組みは、確実に前進していた。そして、お陰様をもって、マップ類が捨てられたりしていて、効果も限定的だった前回の２００８年の雪辱を大いに果たすことができたのだった。

２００８年の悔しさが今回の飛躍へのバネとなった。ブースへの投資コストは前回よりもグンと抑制しつつ、出展効果の方は、前回を確実に上回ることができた。２０１０年11月のＣＩＴＭへの出展によって、当社は上海、いや中国の訪日旅行業界において、従来とは違う次元の存在感を獲得できたのであった。

2-16 マスコットの重要性

当社の２０１０年のＣＩＴＭの成功の陰には、実はもう一つの要素があった。

実際、国際旅行博ともなると、世界各国のパビリオンやブースが所狭しと並び、あちらこちらで賑やかにパフォーマンスが繰り広げられる。エキスポにおいてまず大事なことは、単純に目立つことだ。印象的でないものは、来場者の記憶に残らない。

ところが、大半の来場者はドン・キホーテを知らない。そんな来場者にまず「ドン・キホーテ」のブースに立ち寄り、当社に興味を持ってもらえるようなものが何としても必要だった。当社に興味を持った人は、おのずと「ようこそ！カード」や「ようこそ！マップ」や各種リーフレットに目を向ける。そして、こちらから手配りしなくても、自ら手を伸ばして、手に取ってもらうことも期待可能になる。

確かに、来場者の興味を引く即効性のある手段としては、前述のように、アンケートやじゃんけん大会などの派手なイベントを催すのも一つの手だ。しかし、イベントは常時やり続けるわけにはいかない。イベントのない時間帯にも何か来場者を引きつけ続けるものが必要なのだ。そして、それは一時的な海外イベントの時にだけ有効なものではだめだ。国内外で活用する「ようこそ！カード」や「ようこそ！マップ」、ポスターなどのすべてのツール類にも応用できるほどの強い吸引力を持ったものでなければならない。

では、当社への注目を最も効果的に集めるものとは何なのか？　いろいろ考えてみた。実は２００８年のＣＩＴＭの直後から考えていた。

そして、アイデアが浮かんだ。

それは、「世界中で有名で、人々の注目を引き寄られるほどの魅力を持ったキャラクターを、当社のマスコットキャラクターである〝ドンペン〟と共に起用し、活用すること」だった。

キャラクターに言葉は要らない。その魅力は万国共通であり、言語や民族の違いを超えて誰にでもアプローチできるからだ。

ただし、訪日キャンペーンで活用する以上、そのキャラクターは日本で生まれたものでないと意味がない。

当社の「ドンペン」は国内でこそ、それなりの人気者だが、アジアでは、いまだに無名の新人だ。まだ、誰も知らないといっても過言ではない（ちなみに、ドンペン」の呼称は、「ドン・キホーテ」の「ペンギン」、これを短縮して名付けられている）。それゆえ、このドンペンと一緒に、海外プロモーションを行うことを通して、彼を人気者へと導いてくれる超有名なキャラクターを起用すればいいと考えついたのだ。

では、日本のどの人気キャラクターとペアを組めばいいのか?

その時閃いたのが、以前から気になっていた「ハローキティ」の起用だった。

「ハローキティ」はいうまでもなくアジアをはじめ、世界中で人気の日本のアイコンだ。

キティちゃんが嫌いな人はまずいない。ハローキティがドンペンと一緒に、国際親善大使になれば、ドンペンの知名度は一気に上がり、ひいては当社のブランディングに寄与するだろうと考えた。

社内の調整が終わるやいなや、ハローキティの起用に向け、私は2008年のCITMの直後から交渉を開始し、サンリオ社との協議を経て、2010年の夏に正式に調印し、満を持して10月末に東京の商工会議所で大手メディアの方々を招いて記者会見を開いた。そして、11月1日付で、ハローキティは、晴れて当社の正式な国際親善大使に就任し、このCITM2010で海外初のお披露目となったのである。

上海のブースでは、巨大なドンペンとキティちゃんのぬいぐるみを展示し、人気を集めた。また、「ようこそ!パスポート」のカードデザインにも、このペアを登場させた。そして、翌2012年の旧正月(春節)には、二人をフィーチャーした各種の特製ノベルティをリリースし、それ以降、今に至るまで各種のアイテムを順次制作して、訪日客へのギブアウェイのギフトとして活用し、喜ばれ続けている。

必要こそ、発明の(閃きの)母なのだ。なお、ドンペンは、大変ゆるやかにではあるが、少しずつ東アジアで、その知名度を上げている。まさに、キティちゃんのお蔭だ。

2-17 「私とあなた」から「私たち」へ

私は、2010年の9月、前述のプサンのBITFに赴く直前、東京のインバウンドセミナーのパネリストの一人として登壇していた。そしてその時、隣の席に座っていた、横浜ラーメン博物館（ラー博）のインバウンド責任者の、一重《ひとえ》治さんの発言に、聞き耳を立てていた。

これまで述べてきたとおり、当社は、常に独力で自らのインバウンドの市場を切り開いてきた。日本政府観光局（JNTO）の会員にはなっていても、具体的に各地の自治体や観光協会、そしてそこに加盟している事業者の方々と交流はしてこなかった。もっぱら、ホテルや旅行会社等のサプライアーや旅行会社の皆さんとの一対一のアライアンスを積み重ねてきた。

一重さんの、

「たとえば海外旅行博、これ一つとっても、単独で出展すると、どうしてもコストがかかる。そして横浜にただ1カ所しかないラー博が、単独で海外で出展しても、注目度には限界がある。むしろ〝横浜〟ラーメン博物館として、〝横浜〟を売っていくべきだと考えてきた。みんなで横浜を売り込めば、横浜にある、いや横浜にしかない、ラー博のより効果的なプロモーションが可能になると考えた」

という趣旨のコメントが印象的だった。ああ、これだ。自分とまったく同じ考え方の人がいる。地域連携を前提とした「ようこそ！マップ」の考え方と完全に一致していた。

ところが、一重さんは、さらに、

「横浜市には、横浜観光コンベンションビューロー（ＹＣＢＶ）という観光協会があり、そこにアジアインバウンド部会という分科会がある。ここを拠点に官民連携の取り組みをしている。ホテルや横浜港の観光船、レストラン、観光施設などの、訪日市場開拓に前向きな地元の仲間が自主的に集まって定期的に会合を重ねている。海外での旅行博なども、部会の仲間と共同で出展している」

という話をした。

この話を聞いた瞬間、私の中で何かが弾けた。発想の転換が起きたのだ。

「ああ、〝私とあなたの関係〟ではなく、〝私たちの関係〟の方が、はるかにパワーがあるんだ。そうか〝仲間〟か」

これまでの連携は、地域連携と謳いながらも、常にドン・キホーテを主語にした「私とあなた」の連携だった。ここから先に進むには、さらに歩を進め、地域の中に入り込んだ、「私たち」という仲間どうしの連携が必要だと感じたのだ。このセミナーの直後、当社は、ただちにYCBVの賛助会員に申し込みをした。そして入会後、アジアインバウンド部会にも積極的に参加させていただくようになった。

実際、初めて横浜の部会に参加することになり、会場に足を踏み入れた瞬間に感じた「私たち」という雰囲気は、それまでに味わったことのない地域の一体感があり、ビジネスライクな緊張感とは違う、懐かしいぬくもりがあった。

それ以降、現在に至るまで、様々な横浜の部会の会合に出席し国内外の各種旅行博への共同ブース出展にも取り組んでいる。当社単独で取り組むよりも、街全体に訪日客を呼ぶことの方が、はるかにパワーがある。

そしてこの後、当社は、この横浜に限らず、東京、関西、九州、中国、中部などの各地の自治体の観光協会に入会させていただき、全国各地での地域連携に参加するようになった。そして、公民・官民の連携に本格的に取り組み始めた。当社対各サプライアー（私とあなた）の関係は、地域全体の共生・共栄（私たち）の関係へと次第に進化していった。

2-18 石和《いさわ》温泉組合との取り組み

そしてもう一つ、具体的な「私たち」という視点での地域連携の原点となったのが、翌

2011年の2月、山梨県の石和温泉でのシャトルバスの共同運行だった。

きっかけは、2010年の11月19日の幕張で開催されたVJTM2010（観光庁主催のインバウンド商談会）の会場での会話だった。当社も会員として活動してきた「アジアインバウンド協議会」というNPOのメンバーで、山梨県の石和温泉組合の幹部の方から、その場で一つの提案があったのだ。

「中村さん。実は前から構想していたことがあるんです。来る2011年の旧正月（春節）に、ドンキさんの『いさわ店』と石和温泉街を結ぶ、訪日宿泊客限定の夜間のシャトルバスを一週間走らせてみませんか？」

「えっ、夜間のインバウンド・シャトルバスですか」

唐突な提案にびっくりして、聞き返した。

「石和温泉は、かつては東日本を代表する一大歓楽街として一世を風靡したものの、最近は、社員旅行等の国内の団体観光客が減っています。どこの組合員さんも厳しい状況です。この頃は、台湾・タイを中心に、訪日団体観光客を誘致していますが、実はいくつかの問題を抱えているのです」

ほう、と思わず自分は彼の話に聞き入ってしまった。そしてその問題のありかを尋ねた。

「それは、また何ですか？」

「二つほどあります。

まず、一つ目は景観の問題です。ご存じのとおり、訪日客の皆さんにとって、富士山は圧倒的な魅力です。ところが、甲府盆地にある石和温泉は、富士山との間に箱根の外輪山があるため、残念ながら富士山が上半分しか見えないいんです。それゆえ、外国人の皆さんはやはり富士山の全貌が見える河口湖温泉に集中してしまいます。あちらで収容できない時だけ、訪日客は石和温泉に流れてくることになるんです。

そして、二つ目は、夜の問題です。アジアからの訪日客の皆さんは、季節にもよりますが、だいたい夕方5時から6時に到着します。彼らは日本と違い、晩御飯に長く時間を割かないいんです。宴会もありませんし。当然、バーとかでの二次会もない。夕食はだいたい30分程度。石和温泉は泉質がいいんですが、これも日本人のように何度も入らないし、30分もしたら出てきます。すると午後7時過ぎにはもう何もすることがなくなるんです」

実際、石和温泉は1961年に果樹園の中から突如として温泉が湧出したくらいだから、周りはブドウ畑が多い。夜、客室の窓から外を見ても、中心街を除けば、真っ暗である。自分は、温泉組合の提案のねらいがちょっと読めてきた。

「なるほど、そうしたアジアからのお客様が夕食と入浴を終えた後、彼らをドン・キホーテやカラオケ店やボーリング場のある国道20号沿いの商業地域にお連れして、石和の夜の魅力を堪能してもらう、ということですね！」
「そのとおりです。訪日客の観光ツアーには昼間のスケジュールがぎっしりで忙しいので、夜ゆっくり買い物がしたいという欲求があります。彼らには、ドンキさんが石和にあることさえ、まだ知られていません。それを知らせたら、きっと今後につながりますよ。それに、石和温泉街からほど近い笛吹川フルーツ公園から望む甲府盆地の夜景は、新日本三大夜景の一つにも選ばれているくらいにきれいなんです。これも訪日客の皆さんにお見せしたいんです！」

これは面白いご提案だと直感し、急いで社内を調整し、早速このご提案に乗ることに決まった。温泉組合や各旅館、そして地元のバス会社、そしてドン・キホーテ「いさわ店」との各種の準備は、秋以降、電話やメールのやりとりによって、どんどん進んだ。

そして、翌２０１１年の1月中ごろ、旧正月のバス運行の詳細なプランについて、詰めの協議をするため、私はインバウンドプロジェクトのスタッフと共に、石和を訪問した。

約束の時間より20分ほど早く到着した。甲府盆地の山々、そして富士山は真っ白な雪をかぶり、寒風が吹いていた。ちょっと早すぎたけれども、私たちは約束していた待ち合わせ場所に足を運んだ。

すると、驚くべきことに、温泉組合の組合長・副会長を始め幹部の方々全員が寒風の中、凍えながら、すでに待ち合わせの場所に立って、東京から来る私たちを待っていてくださったのだ。1月は甲府盆地が最も冷え込む時期で、その日は氷点下を下回るぐらいの気温だった。私は、この温泉組合の皆さんの姿を見て、感銘を受け、同時にこれは本気で臨まねばならないと強く思った。

ドンキ「いさわ店」の店長、温泉組合の協力のもと、旧正月のシャトルバスは2月3日から1週間、毎晩走らせた。ドンキの入り口には旧正月を祝う、巨大な歓迎の横断幕を作って掲出した。そして2月3日の旧正月の元旦の日には、「いさわ店」の店頭で、石和温泉組合の皆さんのご協力のもと、中華圏の旧正月の縁起物である〝水餃子〟と、日本の縁起物である〝甘酒〟の振る舞いをした。当日は、山梨県の県庁の職員の方にも視察に来ていただいた。

寒い店頭で震えながら、訪日客の皆さんは、みんな笑顔で喜んでくれた。当社では中国語対応ができるネイティブスタッフが1週間泊まり込み、万全の態勢でシャトルバスを運行した。連日、「長い夜」を有効に過ごそうと、訪日客の皆さんでシャトルバスは大賑わいだった。

この試みは、想定していた以上の成果を生み出した。

夜間シャトルバスに乗った訪日客の皆さんが喜ぶ顔を見て、添乗員さんやガイドさんも

2011年2月、石和温泉とコラボした「いさわ店」の店頭イベント

大喜びしてくれたのだ。私は、これをきっかけとしてタイや台湾からのツアーが、石和温泉を指名して宿泊するようにきっとなるだろうと確信した。そして、ドンキ「いさわ店」のスタッフのみんなも、インバウンド市場の大きな可能性を感じてくれた。短期間の試みではあったが、これにより、本当の地域連携、「私たち」のインバウンドが始まったのだった。

そして、2011年の2月度、旧正月の当社のインバウンドの売り上げは、過去最高を記録した。売上の伸びは圧倒的だった。そして翌3月も、絶好調の売り上げでスタートした。私は、日本のインバウンドには限りない未来がある、と無邪気に信じていた。

「ようこそ！マップ」の企画はどんどん進んでいた。「上野&秋葉原版」「新宿版第二弾」「北海道拡大版」「横浜版」「大阪版」、各地の広告代理店さんとの提携も順調に進んでいた。横浜やこの石和温泉組合との連携のように、各地での地域連携の話もどんどん舞い込みつつあった。

2011年、「日本のインバウンド事業は飛躍の年になる」と確信していた。春の到来とともに、アジア、そして世界中からインバウンドのお客様が押し寄せて来ていた。私は、一点の疑念もなく、今まで以上の情熱を込めて、すべての進行中の業務に邁進していた。

そこに、予想だにしない、とてつもない、未曽有の出来事が勃発したのだった。

ゴールデンルート

パッケージツアーの訪日団体観光において、「ゴールデンルート」とは、メジャーで人気のある観光スポットを回る旅行の行程のことをいいます。アジアからの訪日観光客でいうと、成田空港などの関東の空港から入国して東京周辺を巡り、箱根や富士山、名古屋などを経由した後、京都、大阪など関西を観光し、関西国際空港から帰国するというコースが一般に「ゴールデンルート」と呼ばれています（またその逆のコースもあります）。訪日旅行の1度目は必ずこのコースに行きたいといわれるほどの人気のコースになっており、多くの旅行代理店でパッケージツアーが販売されています。

この「ゴールデンルート」ですが、人気の衰えは見えないものの、今後ステレオタイプ化していくことは想像に難くありません。その時がくることを踏まえて、「ゴールデンルート」からの効率的な導線をしっかり確保しつつ他の地方へ繋げる展開が必要になってくるのではないでしょうか。

残念ながら現時点では「ゴールデンルート」周辺の各地方が連携することなく情報を発信していることが多いため、実は交通網で繋がっているということが現地のほうに伝わっていない状況が多く見受けられるのも事実です。せっかくの訪日旅行であればより多くの都市を訪れてみたい、という声に応えて組まれているのが「ゴールデンルート」なので、情報を上手に伝えることで、コース自体を発展させていくことも可能なのです。

訪日観光客にとって旅の目的は、「日本」を楽しむことです。1地方のみを楽しむようなプランではなく、より多様性に満ちたプランを提案できること。それこそがこれからの日本に求められることではないでしょうか。そのためには、すでに訪日客が来ている「ゴールデンルート」を中心に、周辺エリアもカバーするような体系だった情報提供が大切です。

また、最近では、「昇龍道プロジェクト」と題した、東西の「ゴールデンルート」を補完する、中部・北陸地方を縦断する、縦のルートプロモーションも始まっています。中部運輸局や中部広域観光推進協議会等が、中部北陸9県の自治体、観光関係団体、観光事業者等と協働して中部北陸圏の知名度向上を図り、主に中華圏からインバウンドを推進しており、今後の成果に期待が寄せられています。そしてこのほか、北海道、東北、中国・四国、九州でも、それぞれ広域訪日観光を推進する組織が立ち上がっており、「ゴールデンルート」の他にも、全国各地で多様な広域を対象としたルートづくりが始まっています。

各国の休暇

インバウンドの施策を考える際に必ず確認しておきたいのが、海外各国の休暇です。国柄が違えば、休暇も違います。各国の休暇をよく把握し、これに合わせたインバウンド戦略を立てるのは、基本中の基本となります。なお、東アジア圏に共通する大型の連休は旧正月（春節）です。ちなみに、中国、香港、台湾、シンガポール、韓国、ベトナム、マレーシア、インドネシア、ブルネイ、モンゴルでは、ひとしく春節（旧正月）を祝います。なお、アジアでは旧正月のほかにも一部旧暦に沿った日にちで設定される休暇があるため、年によって期間が変わるので、毎年チェックしておく必要があります。

●中国の休暇

・正月　1月1日～3日／3日間：年始の休暇
・春節（旧正月）旧暦1月1日（毎年1月下旬から2月上旬）／7日間：新年を祝う、歴史ある休暇。中国における大型連休のひとつ。
・清明節　4月3日～5日／3日間：祖先を敬う休暇。日本のお盆に該当。
・労働節　4月30日～5月2日／3日間：旧メーデー。
・端午節　旧暦5月5日（毎年6月上旬）／3日間：端午の節句。
・中秋節　旧暦8月15日（毎年9月中旬から下旬）／3日間
中秋の名月にちなんだ休暇。地域によるが、月餅を贈り物として配る習慣がある。
・国慶節　10月1日～8日／7日間：建国記念にちなむ休暇。中国における大型連休のひとつ。

上記の内、春節（旧正月）と国慶節は長期休暇なので、中国人が海外旅行にあてやすい時期であり、日本の中国人観光客招致活動も、多くがこの2つの休暇を焦点として展開されています。ですが、この大型連休には海外旅行の選択肢として、アメリカやヨーロッパなども入ってくるため、世界各国から中国の観光業界へアピールが行われる、とても競争率の高い時期でもあります。

●韓国の休暇

韓国は、日本や中国、タイに比べ、連休が多くなく、また振替休日の制度もありません。それでも、韓国では2012年3月から全国の小・

中・高校で土曜日も学校が休みとなる週休2日制がようやく全面的に実施されるようになりました。大企業ではすでに週休二日制ですが、子供たちの週休二日制の実施が、中小企業での週休二日制の実施へと波及することが予想され、今後の観光需要の拡大が期待されています。

・正月　1月1日のみ休みです。
・旧正月　旧暦1月1日（毎年1月下旬から2月上旬）／3日間、当日とその前後あわせて3日間が連休となります。
・秋夕（チュのソク）　旧暦8月15日、旧正月と並ぶ、「韓国のお盆」。秋夕当日をはさんで3日間が連休となります。

●タイの休暇

・正月　1月1日のみ休みで、あっさりしています。
・旧正月　旧暦1月1日（毎年1月下旬から2月上旬）／タイでは中華圏の旧正月は国が定めた祝日（休日）ではありません。とはいえ、華人系が非常に多いので、会社などは営業を休むところもあります。
・タイ旧正月／ソンクラーン。4月の中旬。タイ暦の正月にあたり、タイ全土で約1週間にわたり水かけ祭りが行われ、長期休暇となります。
・チャックリー王朝記念日　4月6日
・戴冠記念日／国王即位記念日　5月5日
・タイ旧暦8月の満月の日。三宝節／アーサーンハブチャーと入安居／カオパンサー。お釈迦様が5人の弟子に説法を説き、仏、法、僧の3宝が成立したとされる日を祝う祝日です。なお、翌日の入安居／カオパンサーとあわせて2日間「仏教の祝日」となります。
・王妃誕生日　8月12日
・チュラロンコーン大王記念日　10月23日
・国王誕生日　12月5日
・憲法記念日　12月10日

この他の祝祭日を含め、タイの祝祭日は、仏教関係、そして国王の生誕などを祝うものがほとんどです。 なお、土曜日や日曜日に祝祭日が重なると、月曜日が振替休日となり、連休となります。

第3章

大震災も原発事故も言い訳にしない

3-1 3・11まさかの出来事

2011年3月11日午後2時46分——その瞬間、私は北海道の札幌にいて、インバウンドに関する講演会のスピーカーとして演壇に立っていた。

突然、ぐらんぐらんと大きく会場が揺れ、そのまま立っていられないほどだった。後から知ったことだが、この時、本州東北地方の三陸沖で、マグニチュード9・0の地震が発生していたのだ。日本の観測史上最大の地震だったのだが、その瞬間の札幌では、まだその規模までは想像できなかった。それでも、どこかで、とてつもない規模の地震が発生しているに違いないとだけは直感した。

講演が終わるやいなや、当社の札幌店の事務所に立ち寄り当座の情報を仕入れて、大至急、各所に連絡しようとした。しかし、電話は長い間通じず、本社のチームの様子もつかめず、東北地方の自社店舗、また自宅の様子・家族の安否も分からなかった。ようやく、夜遅くになって、会社とも家族とも連絡がとれ、お互いの無事を確認し合うことができた。チームの人間は全員無事帰宅していた。ただ私の家内は仕事場で被災し、当日は帰宅できないでいた。遠く北海道からでは東京の様子が皆目分からず、家族のことも心配で眠れぬ一夜を過ごした。

翌日、朝から新千歳空港で座席のキャンセルが出るのを待ち続け、ようやく夜になって、一日がかりで復路のチケットが取れた。飛行中、私は強い焦燥感に苛まれていた。仕事の仲間や家族の安否は確認できたものの、今後日本のインバウンドはどうなっていくのか。すでに福島の原発が異常事態になっている事実も大きく報道されていた。実際、震災翌日欧米人をはじめとする海外からの訪日客が大挙、新千歳空港からそそくさと退去していくのを目の当たりにしていた。一時的にしろ、日本のインバウンドは壊滅するのか、いやそんなことはあるまい。しかし、大きく後退してしまうことだけは間違いない、などと考えを巡らし、あれやこれやで頭がいっぱいだった。

東京の本社に戻ったのは明けの3月14日月曜日。すでに私のすべての発想は、この未曾有の大惨事、国難にどう対応するか、ということに完全に切り替わっていた。会社全体の雰囲気もがらりと変わっていた。臨戦態勢というほどピリピリした感じで、緊張感がひしひしと伝わってきた。

当社店舗の被害は物理的な面でいうと、東北地方を中心に6店舗が被災して大きな被害を受けていた。幾つかの店舗では天井などに大きなダメージがあり、当時は営業再開のめども立っていなかった。関東の店舗でも広く少なからぬ物的被害があった。人的被害がなかったことだけは幸いだった。

一方、3・11の当日は、鉄道やバスなど多くの交通機関がストップしていた。その夜、首都圏及び関東地方を中心に約10万人の帰宅困難者が発生し、水・食糧・乾電池などを求めて、来店者が殺到し、コンビニなどのストックの少ない小規模店舗ではあっという間に店頭から商品がなくなっていた。そんな中、ドン・キホーテは、都心の24時間営業の店をはじめ、ほとんどの店が朝方まで営業する大型ディスカウントストアであり、何でも揃っている。食品、乾電池、水、アウトドアグッズなどが真夜中まで潤沢にあった。そんなドンキに、人々が列を成していた。

また、当社の首都圏の共同配送センターが免震構造になっていたこともあり、物流インフラの被害が軽微で済んだため、その後の供給も円滑に続けることができた。これにより緊急時のライフラインとして、一躍当社の存在がクローズアップされていた。

そうした状況の中で、首都圏をはじめ当社の店舗では猫の手も足りないくらいの忙しさになっていた。

被災した東北地方、北関東地区の店舗への救援と、首都圏を中心とした現場の人手不足……われわれは、まずはこの問題に立ち向かわなければならなかった。

このような状況下では、インバウンドどころではなかったし、私たちインバウンドチームに向けられる社内の目も当然冷ややかだった。

そもそも、外部から見れば、大震災と原発事故という大惨事が起こっている中では、インバウンド、すなわち海外からの観光客誘致という分野は不要不急な業務と思われていた部分もあったのかもしれない（だが、実際は、タイを始め、震災直後でも訪日客が途絶えることはなかった。目減りしたとはいえ、各地のドン・キホーテの店舗には、それでも日々数多くの訪日客が来ていた。詳しくは、第5章のコラムを参照していただきたい）。

ある他部署の先輩が私にこう言った。

「どうせ今海外からやってくるインバウンド客なんて皆無でしょ。訪日の業務なんかないだろうから、全員でお店に手伝いに行ってくれよ。店ではみんな寝ないで仕事しているんだから」

厳しい言い方のように聞こえたが、彼の言い分はごもっともだったし、その時、店舗支援の緊急性は、私自身も感じていた。

われわれインバウンドチームは、組織の一部である以上、会社全体のために動かなくてはならない。

現場の人間はもちろん、本部の人間も寝ないで、それこそ死にものぐるいで、休日も返上して店舗の応援に奔走していた。私たちインバウンドチームも、業務の範疇を越えて、会社のために身を粉にして働く決意や使命感に満ちあふれていた。

そんな中、東京金町の浄水場でセシウム汚染の問題が勃発し、水の安全性が問題視された。これでさらに人々は安全な飲料水を欲することになる。顧客最優先主義を掲げるドンキにお客様が求めるものが用意できないとあっては一大事。経営陣からは、安全な水の確保に取り組むよう、社長室に所属している私に緊急の特務指示が出ていた。

他方で、我がインバウンドチーム全員がインバウンド業務から離れてしまうわけにもいかない。海外を含め、被災した地域以外の旅館やホテル、旅行代理店への連絡、後述する「ようこそ！マップ」関連など、業務はいくらでもあった。そして震災直後でも訪日の団体客は決して途絶えてはいない。それでも、店舗の現場応援のため、チームの主要メンバーを割き、店舗に送り出した。

安全な水の確保のために、私ともう一人のスタッフ、田原和彦が集中して取り組み、残りのメンバーには店舗応援の合間を縫って、旅行代理店やホテルと連絡を取るなどして、なんとかインバウンド業務を滞らせることのないよう、頼んだ。

私自身はインバウンドどころではなくなり、約3週間、関東一円、関西、中国地方と東奔西走。関東はもとより西日本地方の有力な飲料水メーカーを訪ねて、一本でも多くのペットボトルを求め、安全な水の安定供給に力を注いだ。

個人的なことだが、大震災の直後、私は背中の大きな脂肪腫を切除する手術を受けていた。その直後ということもあり、その頃は激痛のため、夜も背中をつけて眠ることができずにいた。本当は安静にしていたい時期だったのだが、会社の一大事だったので、自然と体が動いていた。新幹線に乗って東奔西走する際にも、数時間の間、ずっと背中は座席の背もたれに付けることができず、背中を伸ばしていた。出張先のベッドでも、痛みのせいで、なかなか眠れなかった。

確かに満身創痍ではあったが、昼間は痛みなど感じている余裕はなかった。

私は気力をふり絞り、あれこれと東京のチームメンバーに地方から遠隔でインバウンド業務の指示をしながら、会社にとって最重要な仕事として、水の確保に使命感を持って当たっていた。

3-2 社外の状況も厳しかった

自分の背中の痛みも正直、辛かったが、いちばん辛かったのはそれではなかった。

当時、インバウンドチームにいた中国や韓国出身のネイティブスタッフは地震に慣れておらず、本国に一時帰国したりしていた。また震災のショックから、体調を崩してしまったスタッフもいた。チームメンバーの心身の状態にも配慮しながら、何とかフォローアップに努めてはいたが、みんなが、苦しい思いを抱えながら、精一杯、目の前の業務に頑張っている中、自分自身が、手術後のこともあり万全の体調ではなく、また水の確保の業務もあり、なかなかチームの業務サポートに十分に当たれないでいる状況が本当に辛かった。

また、前章で述べたとおり、ちょうど震災直前のタイミングで、地域と連携した多言語マップである「ようこそ！マップ」の横浜&箱根、大阪、上野&秋葉原、池袋、の各版を新規に制作し、一気に東京各地、関西にも拡げていこうと入念に企画を進めていた。

そして、そうした新規エリアのマップに加え、2010年の秋に新宿で始めていた創刊号のマップも、次号のリリースを準備すべき時期に差し掛かっていた。北海道の札幌市内限定版も北海道全域へとコンテンツを倍増させようとしていた。そういうプロジェクトがすべて走っており、そのためには人手も足りないいくらいだったところで、この大震災という、急激なブレーキが唐突に踏まれたのだ。

なんで、このタイミングで大震災なんだ⁉

震災後のおよそ3週間、日々、インバウンドとは別の業務に奔走する中、焦る自分がそこにいた。いくら自分を押し殺そうとしても、滲み出てくる。抑え切れない焦燥。

ああ、時間が足りない。しかし、いくら焦ってもしょうがない。自分に言い聞かせた。

これは一時的なこと。阪神淡路大震災やその他の大きな災害の時も日本人はひるまず復興してきた。今回もきっと日本は復興する。今こそ、その復興に向けたインフラ整備をやっていくべきだ、断じて中断してはならない、と強く心に誓った。

もし、ここでそれまで続けていたプロジェクトをやめてしまえば、ホテルや広告代理店、飲食店、海外のパートナーなどからの信用をなくすし、彼らにも大きな損害を与えてしまう。みんなが動いていることは簡単にはストップできない。

とはいえ、旅行会社やホテル業界も騒然としており、東日本の観光地はほんの一部を除き、どこも閑古鳥だ。それが3月11日以降、ずっと続いていた。

震災後もインバウンド業務に一貫して携わっていたスタッフが、各地の提携ホテルに訪日客の状況を聞くために連絡をしたところ、全国規模でキャンセルが相次ぎ、営業縮小や営業休止という施設も珍しくはなかった。およそ9割のホテルが海外からの突然のキャンセルの申し入れに、頭を抱えて困惑していた。

震災直後こそ変わりなく外国人観光客を受け入れていた大阪など西日本のホテルも、原発の放射能問題が海外に報道されて以降は、バタバタとキャンセルが相次ぎ、関東や東北と変わらない状況に陥っていた。おそらく日本全国、そのような状態だったのだと思う。

飲食店や他の観光施設も同じだ。「ようこそ！マップ」で共同プロモーションに取り組もうとしていた店が倒産したりして、インバウンドに関する販促を控えるどころの話ではなくなっていた。色々なものを延期せざるをえなかった。

3-3 海外からも悲鳴が聞こえてきた

そして、震災の煽りを受けたのは日本だけではなかった。

中国、韓国、香港、台湾、アセアン諸国等の旅行代理店からも悲鳴が聞こえてきていた。特に訪日旅行をメインに扱っていた代理店は規模を縮小したり、あるいは倒産したりする会社もあった。

私はネイティブのスタッフのみんなから、訪日旅行に真剣に取り組んできた海外の人たちが弱り切っているという現実を聞き、胸をぎゅっと締め付けられる思いだった。親しくしていた海外の旅行会社の担当者から、退職や転職の連絡が来ることも多かった。

必ず日本は復興するという思いと、今現在多くの人が苦しんでいるという、未来と現実のギャップに苛まれて心を痛めていた。

原発事故の問題が大きくなるまでは、このまま努力を続ければ、それほど時間をかけずに回復すると思っていた。

これは当時インバウンドチーム内のある男性スタッフから聞いた話だ。

彼は、かつて、２００４年のスマトラ沖地震による大津波によって打撃を受けたタイのプーケットの旅行会社の担当者から、

「今はタイに来る日本人が激減している。現地でアテンドするから、ぜひ旅行に来てくれないか」

という要請があったという。

以前の滞在中によくしてくれたその担当者の誘いは断れない。その人への恩返しにでもなればと思い、彼は夫婦揃ってプーケットへ遊びに行ったという。

すると復興の最中にもかかわらず、各国から大勢の観光客が来ていた。建物の改修工事などが途中で、ホコリまみれの街の中で、欧米からの観光客の方々は楽しんでいた。被災地に観光に行くこと自体が復興支援になるという考えで多くの人々が訪れていたというのだ。

その経験談を耳にしていた私は、プーケットと同じように、やがて日本にも、多くの訪日観光客が復興支援で訪れてくれるようになるのではないか、そういった淡い期待を持っていた。しかし、大震災の直後、原発の放射能問題が浮上し、一部の日本人さえも海外へ逃げ出すという状況を見て、津波と原発の多重災害の深刻さを思い知らされるようになっていったのである。

希望を持つと、すぐにそれを打ち消す不安と現実が浮き上がる――

その頃は、私だけでなくインバウンドに関わる人は皆、こんな不安定な精神状態だったのではないだろうか。また、当時、原発事故問題に関わる政府と東京電力の情報開示の不透明な姿勢もあいまって、内外の観光事業者は、直接被害に加え、風評被害による大きな打撃を蒙ってもいた。

3-4 震災や原発を言い訳にはしない

しかし、いつまでもそんな状態ではいけない。そう気づかせてくれたのが、会社の幹部会議だった。

5月下旬、水の確保問題も一応落ち着き、既に活動の軸足をインバウンドプロジェクトに戻していた私は、社内の合計8つの幹部会議に出席していた。足元の5月のインバウンドの数値はすでに力強く回復して来ていた。

しかし、当然ながら3月、4月の当社のインバウンドの売上数値は激減していた。実際、中国では、3月から4月にかけて、事実上日本への観光目的の渡航は、かなり制限されていた。台湾、香港からの訪日市場はかなり早期に回復傾向にあったものの、韓国からの訪日客も激減していた。

震災特需による、水や食料品等の生活必需品、計画停電に伴う乾電池、カセットコンロ、ラジオ等の防災用品は、東日本を中心に、品切れを起こすほど売れており、会社全体の実績はけっして悪くはない。前述のとおり、災害時に強い生活インフラとしてのドン・キホーテの存在感は増していたのだ。しかし、大震災後の自粛ムードの中で、時計宝飾品や不要不急のぜいたく品の売上は一時的に低迷していた。

会議の性格上、今現在の直近の数値よりは、前月までの過去の数値の分析と振り返りに時間が割かれる。それゆえ、実際、各会議の席では、ほとんど毎回、ほぼ全員といっていいほど、どの支社長も、どの商品カテゴリーの責任者たちも、4月度の実績において、前年割れを起こしている自分の支社の店舗、ないし自分の特定カテゴリーの数値低迷の原因がインバウンドの需要減にあると口々に指摘していた。インバウンド関連の売上低迷を理由にしない責任者の方がむしろ少なかった。

そうした幹部たちの分析自体、いたって当然のコメントだった。誰だって、そう思うし、また事実でもあった。

もちろん、誰一人自分を直接、その場において、名指しで批判していたわけではない。しかし、その8つのすべての会議の場において、来る日も来る日も、インバウンドの低迷

がみんなの足を引っ張っている事実を聞くのは、耳が痛かったし、耐え難いものがあった。まるで、

「インバウンドプロジェクトがしっかり集客誘致をしてくれないから、数値が悪いのだ」

と、指摘されているような気がした。

インバウンドのプロモーションは当然、タダではできない。それなりのコストがかかっている。私自身の給料も、そしてプロジェクトのメンバーの人件費も、そして各種ツール類や海外への出張費用も。これらはすべて、各店舗の現場のみんなの日々の努力によって稼いだ、利潤によって賄ってもらっているのだ。

幹部たちの発言を連日聞きながら、「悔しい」というよりは、むしろ、「情けないなあ。そして本当に申し訳ないなあ」と心に深く思った。

これらの会議に全部出席し終わった時、すでに自分の闘争本能には火がついていた。

「よおーし、やってやる。インバウンドの数字を早期に回復させ、どの支社長にも、どの商品カテゴリーの責任者にも、彼らの数値の低迷の理由がインバウンドのせいだとは言わせないようにしよう！　そして、インバウンドのおかげで、数字が伸びているとコメントしてもらえる現実を一日も早く取り戻すのだ！」

そして、自分自身に誓った。これからは、絶対に、自分自身が、「大震災や原発を言い

訳にしない！」と。

ドン・キホーテは、何と言っても「権限委譲」の会社だ。インバウンドの分野において、自分は権限を委譲していただいて、日々の業務に取り組んでいる。また、この会社は完全実力主義の会社だ。それゆえ、結果がすべてだ。社員全員が競い合って今に至る業績を築き上げてきた。大震災や原発のせいにして言い訳をしても意味はない。良い数字を叩き出すのだ。出し続けられないのなら、自らのプロジェクトの存在理由が薄まるか、なくなるだけだ。

私は兜の緒、褌の紐を締め直し、「言い訳を考え、人のせい、世の中のせいにしている、インバウンドに関わる、自分の中の卑怯な〝弱虫〟」を、心の中から追い出した。そして、この未曽有の困難な状況の中、どうやって訪日観光客を取り戻せばいいのか、ということに思いを集中した。一連の会議に出席して以来、完全に本気モードに灯がともった。

現地の旅行代理店との連携・コミュニケーションを強化し、海外との連絡の頻度を上げた。しかし、そんな彼らに「とにかく観光客を連れて来てください」と一方的にお願いできるような状況ではない。彼らだって苦しんでいる。

今、私たちにできることは何か。何をすれば海外の旅行者は日本を目指してくれるようになるのか。あれこれ考えた結果、3年前、インバウンド業務をはじめたばかりの頃、右も左もわからないまま無鉄砲に中国を訪れたように、とにかく中国・韓国などの現地に行ってみようと考えた。そして日本の本当の今の様子を知らせる。元気な顔をしてプロモーションに来ていること自体が最大のプロモーションになる。そう考えた。

だからこそ、6月に開催される韓国最大の旅行博KOTFA2011、そして中国は北京で開かれる旅行博BITE2011に何としても参加したいという思いでいた。

3-5 インバウンド復興のきざし

社内の雰囲気はまだ震災後の混乱の余波の中にあり、非常事態に変わりはなかった。社内には、

「何もこのタイミングで海外の旅行博に無理して行く必要はないのではないか?」

という声も一部出ていた。そんな中、旅行博というある種、お祭りのような場所に出かけていくと申し出ることは、いささか気が引ける面もあった。

震災の直前までは、当社のインバウンドの売上実績は順調に伸びていた。しかし、3月の11日の午後以降、そして4月いっぱいまで、インバウンドの数値は前年の実績を初めて割っていた。これは、インバウンドプロジェクト始まって以来の事態だった。しかし、す

でに5月に入るとすぐに、日々のインバウンドの売り上げ指数が、想定を超えて、信じがたいほどの勢いで回復していた。

ここは我々が、当社一社のためを超えて、日本のために、動かなければいけない。その時には、すでにそういう覚悟ができていた。とにかく6月の中国・韓国の旅行博には是が非でも参加したいという思いがあった。

内心どきどきしながら、思い切って稟議書を作成し、上司に提出しにいった。すると、「分かった。しかしこの時期に出展する以上、中村さん、覚悟を決めて大きな成果をつかんできてくれよ」

と、即決で快諾してもらい、激励までもらってしまった。思いがけない好反応に、ちょっぴりとまどいつつも、その配慮に感謝したことを、今でもよく覚えている。そして、改めて気を引き締め、イベントの成功を心に誓った。今しがた述べたような、心の中の自分の決意が伝わってしまったのではと、少しあせったほどだった。

そして、出展が決まった後は、その準備に奔走した。すると、それまで社内にあった〝インバウンド不要不急論〟とでもいうような空気は、いつの間にか、一掃されていた。当社は、よくも悪くも、万事において、状況への対応がとにかくスピーディーな社風なのだ。

3-6 集計システムがプロジェクトを救った

今述べたとおり、4月、どん底まで落ち込んでいた当社の外国人観光客の来店者数も売り上げも、5月に入ると日を重ねるごとに、日々の売り上げはほぼ前年の2010年並みの水準まで戻っていた。ただし、日本全体は、まだまだ復調と呼べるほどではなかった。インバウンドの減少がようやく底をうった段階だった。

震災直後からチーム内のネイティブスタッフには、海外の旅行代理店と連絡を密に取ってもらっていた。現地からは必ず日本の状況を聞かれるが、先方からは「本当のことを教えてくれ」といわれるので、曖昧なことをいわず、チームの全員に、必ず実態を伝えるよう指示していた。

「しばらくは余震が来ることが予想されます。福島の警戒区域の放射能汚染についてはともかく、東京はもちろん、東北の仙台でも、北関東でも心配する必要はまったくなく、東京都心部では計画停電することもありません。買い物や観光は何の問題もなくできます。北海道、中部、関西、中国四国、九州に関しては、一切、問題はありません」などなど。

ネイティブチームが国内の状況を海外に対し、丁寧に毎日メールや電話で発信し、説明し続けたことで、先方も安心してくれた。こうしたやり取りを辛抱強く継続したことは、今思えば大きかった。

また、第2章で述べたとおり、「ようこそ!カード」の仕組みが整備されており、インバウンドの実績が日々リアルタイムで回復している状況が確認できたのも大きかった。もしこの時期、そうしたインバウンド集計システムがなかったら、一連の5月の会議で、あれだけ4月の売上不振の理由がインバウンドの低迷にされていたくらいだから、おそらく、社内のコンセンサスを得るのにもっと時間がかかったことだろう。集計結果が翌月の6月にならないと出ないようだったら、6月の海外旅行博への出展は、まず間違いなく時期尚早として却下されていたことだろう。本当に助かった。社内外の多くの人々の尽力によって、リアルタイムのインバウンド集計システムが構築されていたことに、心の中で感謝した。

実際のところ、震災前後で、劇的に何かを変えたり、新しいチャレンジをスタートできたりしたわけではない。巨額の緊急予算を新たに投入してもらったわけでもない。われわれに有り余る力があったのでもない。ただ一つよかったことは、周囲の理解のもと、震災後にも何一つ断念せず、コツコツと続けることができたことだ。「ようこそ!マップ」も、途中で諦めることなく、根気よく取り組むことができ、若干遅れることはあったものの、震災前に計画していたすべての地区のマップのリリースにこぎ着けていた。

今から思えば、そうした地道な努力と、社内の上層部、各セクションの理解と協力、そして社外のすべての関係各位との協力関係が、何とか数字となって現われてきたのだと思う。6月に入ると、すでに前年の実績に並び、メディア各社や、インバウンド業界の皆さんからも驚かれたことを覚えている。絆の力を、そして3年間にわたる種まきの成果を、実感し、心から感謝した。

いずれにせよ、こうした経緯により、われわれは6月に予定していたKOTFA2011、BITE2011といった海外の旅行博を一切キャンセルすることなく、参加することができたのである。

3-7 自社のためから日本のために

実際に中国と韓国の海外旅行博覧会に参加してみると、民間企業に限っていえば、ほんの数社を除き、ほとんど日本からの出展がなく、出展しているのは一部の自治体だけだった。アジアなど、他の国々は大きな共同パビリオンを派手に展開しており、それに比べ、日本パビリオンの賑わいは、規模も小さくなり、かなり見劣りしていた。

行く前から今回の旅行博覧会の日本パビリオンの参加ブースが少ないだろうことはすで

に事務局から聞いており、覚悟していたが、実際に現地の日本のブースエリアに立ってみると、改めてその少なさを実感した。

会場内の自社ブースに入り、出展の準備をあれこれしていると、旅行博覧会の事務局や、現地の旅行会社から、次々に思わぬ言葉をもらった。

「この大変な時期によくぞ、出展してくれた。ありがとう」

「ドン・キホーテの心意気が伝わってきましたよ。逆に勇気をもらったよ」

大震災の直後の、このタイミングで出展しただけで評価されてしまい、ちょっと面はゆい感じがした。インバウンドに取り組んでいることを現地の人々に行動で示すことができた上、思わぬ言葉をもらい、自分自身、思わず涙が出そうなほど嬉しかった。今回の出展を快諾してくれた上司をはじめ、関係者に改めて感謝の念が湧いた。

そしてまた、現地では、そういう厳しい状況の中で来ていた、日本の各地の自治体の方々との絆が深まった。それ以前と違い、交流の質も変わった。色んな意味で結束が固まった。現地の旅行代理店もドンキの本気度を認めてくれ、これまで以上に深く交流できるようになった。

自治体の方々に内情を聞いてみた。すると、やはり地方の自治体内では、今回の海外出展にあたり、かなりの反対意見があったようだった。

「こんな非常時に、公費、税金を費やして海外に宣伝に行くのは、いかがなものか」「こういう時期には何事も不要不急なことは自粛すべきなのではないか」

などとかなりの反対に遭っていたのだ。

それを、乗り越えて彼らもまた、現地に来ていた（実際、インバウンドプロモーションは、あの時、本当のところ、不要不急どころか、まさに緊急的かつ最重要なことだったのではないか、と今なお、そう思う）。

特に、北京の国際旅游博覧会（ＢＩＴＥ）での話だが、北京では意外と、

「日本は危険だ」

「日本には行かないほうがいい」

という反応を感じなかった。北京の人たちは、大震災のことも、原発問題のことも、あまり気にしていないという印象を受けた。

旅行博に参加したわれわれが、現在の日本の状況を客観的に丁寧に説明したことも関係があるのかもしれないが、現地の旅行代理店の担当者などは、

「今はまだ、厳しいけれど、観光地として日本はまだまだ人気です」

「日本にはポテンシャルがある」

と、震災の影響を感じさせないほど非常に好意的だったのである。

日本にいると、

「震災の影響でアジアでは日本離れが進んでいる！」

と、声高に言われていたが、実際にはあまりそういう感じはしなかった。

逆に北京のＢＩＴＥでは意外な発見もあった。

これまで、われわれは中国人観光客といえば、上海を中心に考えていたが、北京の人たちも日本に来たがっていることがわかったのだ。北京からの需要も可能性として十分ある、ということに気づけた。これはそのとき、旅行博に行かなければ肌で実感することはできなかったことだろう。

実際、ＢＩＴＥでは、前章で紹介した、震災前の２０１０年の上海のＣＩＴＭを上回るほどのど派手なイベントを繰り広げた。今回は、ドン・キホーテの大人気商品である、「ダーツ」を使ったゲームも開催した。ものすごい人数の行列ができた。すると、中国側のブースの関係者たちまで、手伝いを買って出てくれた。

「こっちで、交通整理をしてあげるから、どんどん日本のブースを盛り上げてくれよ！」

と励ましてくれたのだ。

「ようこそ！マップ」も「ようこそ！カード」も、一枚も手配りしなかったが、全部〝売り切れ〟となった。

また、一方韓国のソウルの国際旅行博（KOTFA2011）では、北京に比べると、ソウルの人々は若干、大震災や、原発問題に関してナーバスになっていた。それでも、韓国の訪日市場は、個人の自由旅行（FIT）が中心なので、若い人たちを中心に、facebookなどのSNSの情報をとおして、リアルな東京や日本各地の実情をよく分かっていて、訪日旅行への関心は決して弱くはなかった。

当社のブースは、やはりソウルでも大盛況で、持って行った「ようこそ！マップ」などのツール類が、最終日を待たずになくなりそうになって、慌てて展示する量を絞ったほどだった。

旅行博は、旅行代理店など取引先とツーリストの両方に直接、接することができる場所だ。それに世界各地からブースの出展がある。欧米も東南アジアもみな中国や韓国からの旅行者に期待している。彼らは地震や原発問題などのハンデもないから、堂々と派手にやっている。

その頃、日本国内はあらゆる分野で「自粛」ムードが蔓延していた。しかし、われわれは実際「自粛」も「委縮」もせず、海外に出かけた。そして、多くのものを得た。この時期に、海外の旅行博に参加したことによるデメリットは一つもなかった。もろもろの制約を乗り越えて、出展して本当によかった。

「今、プロモーションに投資してもどうせ来ない」というのは供給者目線に他ならない。自分たちの都合だ。

震災後の海外とのコミュニケーションとプロモーションで重要だったのは、「相手国の人たちは大震災には遭っていない」ということをどう捉えるか、ではなかっただろうか。常に海外の旅行代理店は、アウトバウンドの魅力的なデスティネーション（訪問先）を探しているし、旅行者も海外の旅行先を探している。それは変わらない。そんな中で日本だけが、「自粛」と「委縮」によって、何もやらずにいれば、よその国がデスティネーションとなり、その国に行かれるだけだ。

当社が旅行博に出展するという決断をしたのは、そうした旅人目線、旅人発想による発想だった。インバウンドにおいては、国内ではなく、国外に旅行先を求めている人がいることを忘れてはならない。

6月の、この2つの海外旅行博への出展は、質量ともに、今までの旅行博覧会とは、何かが違う、意義深いものとなった。

3-8 だったら、俺が変えてやる!

旅行博から戻り、日本のインバウンド関連の公的機関や自治体の人々との会話の中で唖然としたことがあった。けっして大勢の話ではない。あくまでも一部の人々の話だ。

民間企業では、成果を出すことは当たり前だ。われわれだって、たまたま当時、大震災後、成果がついてきたから今があるけれど、成果が戻っていなかったら、今ごろどうなっていたか分からない。プロジェクトを縮小することになれば、今雇っているスタッフの一部、いや大部分を解雇せざるをえない可能性だってあった。自分自身のポジションだってもちろん危うかった。せっかく志を持って集まって、雇用された人間が一生懸命働いていても、明日から無職になってしまいかねなかったのである。

かつて、インバウンドプロジェクトの前に私が携わっていたプロジェクトは、上手くいかず解散せざるを得なくなり、何十人という人間が部署移動していったり、夢をあきらめて会社を去って行ったりした。私自身も、仕事が減り、評価が下がり途方にくれた。

しかし、公務員や公共機関の職員は、震災や原発事故の余波によってインバウンドで数値が落ちようと、すぐに職を失うことはない。

ある公的機関の人たちに、インバウンド関係の会合で、海外からの訪日客の状況につい

て尋ねた時、

「いやあ、全然戻ってきてないですね。去年の7%か8%程度です。当分ムリでしょうねえー」

などと口々に当たり前のように言っている。

たしかに大震災や、原発という大きな課題がある中でのプロモーションは難しいが、やるべきこと、やれることはあるのではないか。

私は、その方々に、

「だったら、何をやっているんですか？　何をやるべきなんですか？」

と問うた。

「今は何をやってもどうせ上手くいきませんよ」

という無責任この上ない反応が返ってきた。

あまりの脳天気ぶりに正直、腹が立った。

これらの担当者は、民間のホテルや飲食店、零細な旅行代理店の悲痛な思いを理解しているのだろうか。中国や韓国の旅行代理店も被害を被っていることを分かっているのだろうか。インバウンド振興に注力しているのが日本だけだとでも思っているのだろうか。

「どうせ何をやっても上手くいかない」

というが、何かを企ててみたのだろうか。
インバウンドはこれからの事業であり、今まさに努力をしなければいけない。それが、一部の心無い人であったとしても、このような心構えでいたら日本の未来がなくなるのではないだろうか。

3・11の後、大震災と原発をまさに言い訳に使い、何もしない「萎縮」を「自粛」と言い換えて言い訳にしたりしている、こうした一部の公的機関や自治体のインバウンド関係者や、民間企業の志の低い人たちと接するうち、憤りがこみ上げ、この国のインバウンド業界のあり方に疑問を抱くようになった。そんな思いで2011年は一年中、実のところ、心穏やかではなかった。

もちろん当時は、誰かにこの憤りを外に打ち明けることもなく、自分の内なる憤りとして心の中に秘めていた。そして、自分が先陣を切ってインバウンドへの取り組み方を変えることで、日本中の意識も変えていきたいという、かなり生意気な思いを、2011年の夏に持ち始めた（実際、この時芽生えた、こういう生意気な考えがなければ、この本も書いてはいないだろう）。

しかし、こうした志を抱くようになったとたん、不思議なほど、多くの優れたインバウンドの「志士」たちとの新しい出会いや〝絆〟が生まれたのである。日々歯がゆさや憤りを感じながらも、同時に、そうした出会いの中で、日本はやはり、すごいポテンシャルを持った国だ、とも思った。そして、この生硬で生意気な「憤り」は、やがてこの後、いつの間にかその質を変え、「義憤」とか「公憤」というようなものに変わっていった。

実は、この頃の思い、そしてその時々の思いを、『トラベルジャーナル』（２０１１年３月の震災直後の４月掲載分から、直近の２０１２年９月掲載分まで）の巻頭コラムの中に、リアルタイムに毎月書き綴っていたのだった。それらは、本書の第５章にまるごと収録してある。なお、収録するに当たり、週刊誌に掲載したものと、一言一句変えていない。是非、後で読んでいただきたい。

3-9 タイの「FITフェスティバル」と台湾の旅行博「ITF2011」

その後、２０１０年８月には、当社のインバウンドはすべてにおいて完全に、震災前の水準を超えていた。韓国や欧米からの顧客はまだ戻り切ってはいなかったものの、すでに中国・台湾・香港、そしてタイからのお客様の来店が順調に伸びていた。

そんな中、日本政府観光局（ＪＮＴＯ）のタイの事務所から、８月末のバンコクで開催される「ＦＩＴフェスティバル」開催の案内があった。実際、タイのマーケットについては、大震災後もタイ人観光客がドンキの店に増えていて可能性を実感していたものの、直接的なアプローチはまだまだ十分ではなかった。せいぜい、自治体主催の商談会への参加や、タイ側からの「ようこそ！カード」の契約依頼への対応をしているくらいだった。

そんな中、イベントの事務局をとおして、バンコクの所長の益田さんから出展の要請があったのだった。タイのFIT客に強いドン・キホーテに、「FITフェスティバル」にぜひ出展してもらい、タイからの訪日旅行復興に寄与して欲しいということだった。その強いメッセージを受けて、私はさっそく社内を調整し、出展の決裁をもらった。以前からタイの市場がとても気になっていたのだ。

実際にブースを出展してみたところ、その時のタイのFITフェスティバルは大盛況だった。所員の皆さんはもちろん、JNTOの益田所長も、浴衣姿のまだ幼い娘さんとともに、連日、日本政府のブースの最前面に立って日本パビリオン全体を盛り上げており、まさに家族ぐるみで訪日市場復興への取り組みをしていた。公的機関の方々の中にも、本気で震災復興に取り組んでいる人々がいることをこの時実感した。

われわれのブースも大盛況だった。送り込んだマップ類は最終日を待たずあっという間になくなった。われわれはこの時、すでにタイ語の「ようこそマップ」を作って現地に持って行っていた。また、タイ人のネイティブである、メンポーという名の女性スタッフを、これを機会に東京のインバウンドチームの中に新たに雇用した。タイからの訪日市場は、その後もうなぎ上りに伸長し続けた。

そして、9月以降当社のインバウンドの売上は毎月毎月、力強く回復し、10月には完全に震災前の水準に戻った。そして、大震災前から計画していた台湾最大の旅行博覧会ＩＴＦ２０１１にもブースを出展した。もともと、ＩＴＦは大きな旅行博覧会であるが、台湾のブースは立錐の余地のないほどの来場者に恵まれ、これも大きな手ごたえを感じた。ただ、台湾市場に関しては、現地の旅行会社との取り組みが十分ではなく、まだまだ課題が多い。ＦＩＴの振興に向けてこれから更なる施策が必要だとも感じた。これからの訪日旅行の重点市場にしていきたいと考えている。

3-10 インフラ整備の再開と進化

震災後、各種のインバウンドのためのインフラ整備は、一時的にストップしたが、２０１１年4月末にはすでに再始動していた。まず、着手したのは、音声ペンのアプリ化だった。これは店舗の現場のアイデアから始まった。

「お客様を一瞬でも待たせたくない。今ある音声ペンと接客シートとは別に、とっさに取

2011年11月、台湾・台北のITF

り出せるよう、そのコンテンツをスマートフォンに対応した音声接客アプリにして欲しい！」

　という要望があったのだ。すでに第2章で述べたとおり、２０１０年の夏には音声ペンに対応した接客シートが完成し、それらは主要40店舗に配備済みだったが、これはＡ４版の大きさだ（開くとＡ３版になる）。ちょっと持ち場を離れた時などに、ふいに外国人の顧客に声をかけられた際に対応するには、どうしてもいったんレジ周辺まで戻って、その大きな接客シートと音声ペンを取って戻ってこなければならない。お客様を待たせてしまい、時間のロスが発生する。

そうしたとっさの時に、今や誰もが携帯しているスマホ対応の多言語接客アプリがあれば助かるというのだ。こうした要望が、1店舗ではなく、複数の店舗から寄せられるようになった。当社は、繰り返すまでもなく、「主権在現」の会社だ。社内の調整はあっという間にまとまり、大至急、接客シートのコンテンツをアプリ化することに着手した。各言語のナレーション音源をはじめ、コンテンツはすべて完成済みだったので、アプリ化は比較的軽微なコストで実現し、2011年の8月にはリリースできた。またこれと同時に、現場の要望を反映し、従来のA4版の接客シートは手帳サイズにバージョンアップさせ、ポケットに収まるサイズにして、いつでもすぐ取り出せるようにした。そして、増え続けるタイ人市場に対応するため、従来の日本語、英語、中国語、韓国語に加え、タイ語を新たに加え、5言語対応とした。

そして、もう一つ工夫をした。

大震災発生時の経験をもとにして、地震に慣れていない訪日外国人のために、一連のバージョンアップの一環として、災害対応のコンテンツを追加したのだ。

「避難口はこちらです」

「私についてきてください」

「あわてないでください」

などの内容をあらたに盛り込んだ。

また、同時に、店舗の現場から、

「音声ペンは便利だが、音量が足りない。静かな場所であれば十分だが、ドンキの店内は、賑やかだ。もっと大きな音の出る音声ペンが欲しい」

という要望も届いていた。

そんな音声ペンは、世の中に無かった。無ければ作ればいい。そこで、メーカーと共に新たに「ワイアレス音声ペン」のシステムを開発することにした。それは、2011年の12月に完成した。子機のワイアレスペンで、音声シート手帳をなぞると、親機がセットされた店内の大きなスピーカーから大音量のナレーションが響くのだ。これで、どんなに賑やかな場所でも外国語対応が可能になった。このシステムは免税の免許のある、全216店舗に配備された。

以前から、この音声ペンを、ドンキの店舗だけで使うのはもったいないと思っていた。旅人目線でみたら、ドン・キホーテだけでなく、日本中で対応してもらえたほうがいいに決まっている。そこで、まずは町ぐるみ、街全体で音声ペンを使った、社会実験のようなものをどこかのエリアでトライしてみたいと思っていた。

そんな中、横浜市に、集客力と、来訪者の満足度を高める事業を認定し、支援する「横浜観光プロモーション認定事業」というものがあることを知り、これに2011年の9月に応募したところ、当社の提案を採用していただくことになった。

2012年のお正月早々「ワイアレス音声ペン」に対応した多言語の「ようこそ！マップ」が完成した。音声ペンでなぞると、三溪園、八景島シーパラダイス、ラーメン博物館、グルメ店や横浜港内のクルーズ情報など、横浜と箱根地区合計25の観光施設情報が、多言語のナレーションで聞けるようになっている。また、横浜を代表する5つの主要ホテルでは、旅人用の普通の音声ペンと「JAPAN」という訪日客用の、音声ペン対応のガイドブックの実質無料のレンタルサービスを実施し、音声ペン対応の「ようこそ！マップ」は無償で差し上げるようにした。観光施設には、「ワイアレス音声ペン」、18業種に対応したプロ用の「おもてなし会話集」を配備した。

この取り組みは、まだまだ実験中であり、これらの施策によって、爆発的に横浜に訪日客が押し寄せるようになったわけではない。しかし、シンガポール、中国、韓国、欧米など、このサービスの存在を知り、実にさまざまな国のエージェントから、従来にはなかった問い合わせが増え、こうした先進的な取り組みへの評価と関心が寄せられていて、訪日客もしだいに増えている。横浜・小田原地区のドン・キホーテのインバウンド売上も、順調に伸長している。現在、音声ペン対応の「ようこそ!マップ」は、この横浜・箱根版と関西広域（大阪・神戸版）が実現している。これから、順を追って段々と、全国に展開していきたいと願っている。

また、こうした音声ペン対応とは別に、時代の要請に応え、「yokoso-world.jp」というWEBサービスの開発を2011年の大震災後からスタートさせ、2012年早々に完成させた。これは「ようこそ!カード」の機能と、「ようこそ!マップ」の情報をすべてWEB上で提供可能な仕組みになっている。このサイトにアクセスすれば、海外でも、たちどころに、「ようこそ!」の様々な特典が検索可能になっている。また、スマートフォンにも対応しているため、訪日後、紙の「ようこそ!マップ」が入手できない場合にも、ドンキの店舗の所在地、マップやカードが入手可能なホテル、などが瞬時に分かるようになっている。

このほか、SNS（ソーシャル・ネットワーク・サービス）の新浪微博（シナウェイボー）、YouTubeでの動画の配信、facebookなどへの取り組みも始めている。同時にナビゲーション用のアプリもリリースしている。このほか、無料Wi-Wiサービスである「yokoso_Free_WiFi」はすでに全81店舗で実施しており、今後さらに対応店舗を増やす予定だ。マイクロUSBやiPhone/iPad対応の無料充電器は全店に配備している。

もちろん、こうした「おもてなしインフラ」の進化は、無限の過程であり、これで充分ということはない。訪日のお客様、そして現場のスタッフからの要望があれば、われわれは可能な限り問題を解決し、ベストな対応をしたいと、いつも考えている。

3-11 『ガイアの夜明け』の取材

大震災後もインバウンドの売上が順調に回復し、そして秋以降いち早く大震災前の水準を超え、少しずつながら訪日客に対応した「おもてなしインフラ」を整備しつつあった当社は、お陰様で各方面から注目をいただくようになった。ホテルや旅行会社から、ぜひ「ようこそ！カード」の提携契約を結ばせて欲しいという要請も増えていた。以前は、こちらからお願いや提案に伺っていたが、しだいに、むしろ先方から嬉しい提案が届くようになっていた。特に中国市場の回復ぶりには、目を瞠るものがあり、中国の銀聯カードの売上は、すでに過去の最高記録を塗り替えていた。

そんな中、２０１１年12月の中旬、われわれは東京観光財団（ＴＣＶＢ）主催の上海へのセールスコール（旅行会社商談ツアー）に参加することを決めていた。ＴＣＶＢは、首都東京の観光局として、全国の自治体の中でも、規模も大きく活動も先進的でユニークだ。

SNS（ソーシャル・ネットワーク・サービス）の活用

最近ではPCに加え、スマートフォンからの利用者も増加の一途をたどり、訪日観光者のインターネットからの情報取得は、以前よりも容易になってきています。訪日観光に訪れる外国人観光客の中でも特に個人客（P92参照）は、訪日前はもちろんのこと、訪日後もスマートフォンなどでインターネットからの情報取得を行っています。旅行先のリサーチ段階から、各種のSNS（ソーシャル・ネットワーキング・サービス）などで訪日旅行体験者が書き込んでいる内容をチェックし、新たな観光スポットや日本のトレンド情報を取得する傾向も増えています。

SNSとは、社会、すなわち人と人とのつながりを促進・サポートする、コミュニティ型のネット上の会員制サービスの総称です。とりわけ、「フェイスブック」と「ツイッター」が、世界的に有名です（なお、中国だけは以下に述べるとおり、別サービスとなっています）。訪日旅行者自身がリアルタイムでSNSのサイトに「今、日本の○▽□に来ています！」というコメントを写真付きで書き込み、海外の本国にいる知り合いとコミュニケーションをとる、という形で使用されることも多く、受け入れ側としては、ポジティブなコメントをぜひ本国へ発信してもらえるよう、もてなしたいところです。そして、なんといってもSNSの強みは、その「拡散力」です。一人の訪日客の発信が、何倍何十倍と拡散し、「いいね」の連鎖が起きるのです。もちろん、その逆のマイナスの風評の威力があることも忘れてはいけません。

《フェイスブックfacebook》

2004年に米国の学生向けにサービスを開始した。実名登録制となっており、個人情報の登録も必要となっています。急速にユーザー数を増やし、2012年6月現在、世界中に9億5500万人のユーザーを持つ世界最大のSNSとなっています。アジアでも大人気のSNSです。

《ツイッターTwitter》

Twitter（ツイッター）は、140文字以内の「ツイート」（tweet）と称される短文を投稿できる情報サービスです。Twitterの動詞形のtweetは、もともと「鳥のさえずり」の意味で、日本では「つぶやき」と意訳され定着しています。実名制ではない分、フェイスブックに比べると、比較的ゆるいつながりが生まれます。

《中国のSNS》

国家的なインターネットインフラ強化の結果、今日の中国はインターネット大国として知られるようになりました。中国のインターネット利用者数は2011年には5億人を突破し、普及率は38.3%といわれています（出典：CNNIC 2012年1月）。しかしながら、2012年9月1日現在において、上述のfacebookやTwitterは中国国内のパソコンからのアクセスはできません。そんな中、中国で利用者が急増しているのが、**新浪**（シナ）**微博**（ウェイボー）というミニブログサービスです。ウェイボーはTwitterとfacebookの要素を併せ持ち、ユーザー数は3億人を突破し（2012年5月現在）、中国全体のミニブログユーザーのうちの57%、投稿数にして87%を占めており、現在、中国で最も人気のあるSNSの一つです。ちなみにドン・キホーテのウェイボーの公式アカウント名は「**日本唐吉诃德**」です。

その他、「中国版facebook」の異名を持つ“**人人网**（レンレンワン）”や“**腾讯**QQ（テンセントQQ）”というインスタントメッセンジャー（IM）サービスも人気があります。QQは中国本土において最も普及しているコミュニケーションツールであり、とくに若者の間で支持され、携帯やメールと同じ感覚で使用されています。コールセンターのかわりに、QQに公式アカウントを設定し、カスタマーサポートを行う企業も少なくありません。当社でも中国とのコミュニケーションにおいて日常的に活用しています。

これらのインターネットサービス利用者の中心は、中国の次世代を担う10代から20代です。この世代のうち、1980年代生まれは「80後（バーリンホウ）」、1990年代生まれは「90後（ジョウリンホウ）」と呼ばれ、情報感度が高い層といわれています。今後のFIT（個人旅行）の訪日旅行のメインとなる世代です。それゆえ、これらの中国のSNSは、今後FIT予備軍への、効果的な宣伝ツールとなっていくものと期待できます。

意欲的なスタッフが多く、公的機関でありながら、民間的な発想の文化があり、自分たちの活動が生み出す成果にこだわっている数少ない組織として、私も高く評価していたからだ。

そんな折、テレビ東京の人気番組『ガイアの夜明け』から、その上海出張の様子を取材させて欲しいというオファーがＴＣＶＢをとおしてやって来た。まだまだ当社のインバウンドの取り組みは、歴史も浅く、ようやく復興してきたばかりのものだったので、辞退した。


しかし、番組の担当ディレクターが、実にガッツのある方で、

「いや、中村さん。当番組は〝ガイアの朝〟じゃないんですよ、〝ガイアの夜明け〟なんですよ。夜が明けてなくていいんです。夜が明けてしまっていたら、むしろつまらない。夜明けを求めて、皆さんが精いっぱい、もがいたり、あがいたりしている姿を撮りたいのです！　しかも群像のドキュメンタリーですから、けっして御社だけにスポットを当てるものではありません！」

と私や社内の関係者を熱心に口説いたのだった。

社内の周囲からも、

「それなら、中村さん。出てみたらいいじゃない」

と反対に説得され、上層部の許諾も出たため会社として正式に応諾することになり、撮影が始まった。

最初は、上海のTCVBのセールスコールの取材だけのはずだったのが、いつの間にか当社以外の題材がキャンセルになったらしく、上海だけでなく、ソウルや本社での活動の様子や、当社の「ようこそ!カード」の提携先の会社、ドンキの主要店舗まで取材されることになった。

以前、『ガイアの夜明け』のようなドキュメンタリー系の番組では、長期取材が当たり前で、とにかくとことん取材に付き合わなければならないから大変だという噂を聞いたことがあったが、まさにそのとおりとなり、2011年の12月から翌2012年の2月初旬までは、完全にこの撮影に忙殺され、自分もインバウンドチームのスタッフもへとへとになっていた。

TV局の撮影クルーに聞いたところ、「こうしたドキュメンタリーでは、ビデオテープ100本取って、実際に使うのはそのうちの1本分もない」ということだったが、まさにそんな感じで、放映された正味時間の100倍以上の時間を取材された。

ただ、大みそかとお正月の三が日だけは、撮影クルーのみなさんも私たちもオフになった。私は、この後第4章の冒頭で紹介することになる、福島の温泉でしばしの休息をとった。そして1月4日以降、来る日も来る日も取材の毎日だった。結果として番組ではカットされたが、宮崎での旧正月（春節）期間でのインバウンドシャトルバスの運行、そして韓国ソウルへの出張、そして横浜店、新宿店、銀座店、小田原店、大手ハイヤー会社のキャブステーション社との連携を追った箱根などでの撮影。早朝、深夜。寒い季節の撮影だった。

当社は、当初はその他大勢のうちの一つのつもりだったのが、いつの間にか、それではすまなくなっていった。どんどん、時間が取材に奪われる。インバウンドの仕事に支障が出るくらいだった。

たまらなくなり、ディレクターに尋ねた。

「実際、どんな番組にするつもりですか？」

すると、

「ボク自身も、まだ分からない。最後まで分からない。まだまだ見えない。でも、中村さん。今まで自分が撮った番組の出演者の方に、ガイアに出て、その結果、出るんじゃなかったと、後悔させたことは一度もないですから。それだけは、安心してください」

と、厳しい顔でぶっきらぼうな返事をされてしまった。

とにかく、この2か月間は、精も根も尽き果てた感じだった。仕事というものは、いつもうまくいくものではない。失敗もある、商談先の人間の反応が最悪の場合もある。段取りが悪く、気まずい空気の時もある。

その一部始終がカメラで撮られ、ビデオテープがずっと回り続けている、どの瞬間が放映されるか分からないということが、こんなにも気苦労の多いものだとは知らなかった。最後には、やけくそになって、

「ええい。この後は、運を天に任せて、ディレクターの言葉を信じるしかない」

という境地になった。そしてどんな、内容になっているのか、ドキドキしながら、2月14日の放映日をひたすら、待ったのだった。

3-12 〝絆〟、そして新たな出会い

そして、2012年の2月に入ると、我々は公的機関との連携をさらに進めた。

2月にタイのバンコクで行なわれたTITF（タイ国際旅行博）には、12月の上海のセールスコールに続き、TCVB（東京観光財団）のブースに共同出展した。

これまでは当社単独で出展することでたくさんのことを学んだが、今後は「街ごと売り込む」という「私たち」の視点で、地域連携のために、当社内の経験知を外部と共有し、

相乗効果を生み出すことが必要だと感じ、先進的な公的機関との連携を図ったのだ。

ＴＩＴＦは東南アジア最大規模の旅行博で、毎回の来場者は約80万人。ここではドン・キホーテだけを売り込むのではなく、「東京」を宣伝するために、当社のチームがこれまで培ったノウハウを、出し惜しみすることなく提供し、東京都と〝相互乗り入れ〟した。

また、逆にＴＣＶＢさんからも、そのノウハウをたくさん学ばせていただいた。たとえば、「体験アトラクションコーナー」を設けて、日本文化らしい浴衣の他、メイド服、セーラー服などのポップカルチャーを象徴するような衣装を現地のアルバイトスタッフが着込み、希望する来場者にも体験試着してもらい、撮影し、即時プリントしてその場で差し上げる手法だ。２０１１年8月に入社していたタイ人スタッフのメンポーも、この〝コスプレ〟に参加させていただき、ＴＣＶＢさんの現地アルバイトスタッフの皆さんと一緒に、大いに盛り上がった。

ちなみに、これらのコスプレ衣装の多くは、ドンキで調達してもらったものだ。それゆえ「このメイド服はドンキで買えます！」と宣伝もできる。

〝東京〟は、タイをはじめ、アジア圏では既に有名な大都市であり、ブランドとして確立されている。旅行博でも、この〝ＴＯＫＹＯ〟という文字列は、日本の地方都市と違って、すぐに目につく。しかし、現地の旅行代理店・旅行者ともに知りたいのは、

「今、東京に行くと何ができるのか？」

「何が買えるのか？」

といった具体的な、最新の旅のコンテンツの部分だ。

だからこそ、ＴＣＶＢさんは、われわれに共同出展を呼びかけてくれたのだ。

目的と利害が一致している他の事業者や行政の皆さんと組めば、ターゲットへの接点も増え、さらに費用面もお互いに軽減できる。インバウンドの復興、誘致には官と民、民と民の連携が不可欠であることを、このタイの旅行博でも、痛切に感じたのだった。

そして、今年は、この東京のＴＣＶＢさんとのブースの共同運営を皮切りに、どんどん行政や公的機関の方々との共同プロモーションを始め、各種の企画を進めている。単独でやるべき時は単独で、共同で取り組んだ方が効果的な場合は共同で、というふうに、状況に応じて臨機応変に、出展や販促の企画形態を変えている。

国の各省庁、地方の出先機関、都道府県、政令指定都市やその各特別区、そして各市町村、またそれらの各観光協会やコンベンションビューローなどの外郭団体との連携は、その数と規模を、月を追って増している。

具体的には、国土交通省、経済産業省、およびその地方の出先機関、観光庁、日本政府観光局（ＪＮＴＯ）、そして、神奈川県、鹿児島県、宮崎県、愛知県、沖縄県などの都道

2012年タイ・バンコクのTITF

府県、政令指定都市の横浜市、大阪市、福岡市、名古屋市、仙台市、神戸市、北九州市、熊本市、広島市、長崎市、そして東京の大田区など。

また、九州観光推進機構、中部広域観光推進協議会、中国地域観光推進協議会などの広域観光の組織。

そして、外務省や財務省などの在外公館の職員の方々、地方の自治体の海外事務所長の皆さんとの連携も始まっている。

もちろん、官僚・公務員、公的機関の職員の中には、前述したような、一部の心ない、志の低い人もいる。しかし、同時にその数をはるかに上回る数の、日本全体の繁栄を願っている、高い志とハートをもった方々もいっぱいいる。

これら、官（公）の方々との連携は、われわれ民間の人間にとっては、必須だと思っている。当社のような一民間企業などが、どれだけ幅広く、インバウンドに取り組んだとしても、所詮、限界がある。官民連携、公民連携なしに、「私たち」のインバウンドはけっして実現しない。公平な「公」の視点で、民と民の出会う場所・機会を幅広く作り出すのは、一民間企業や個人では、当然不可能だろう。

そして、今当社が考えているのは、全国の観光学部や観光学科を抱える大学との連携である。これからの日本の観光立国を背負う人財を輩出する教育機関との連携は、大きな可能性を秘めていると思う。この産学・官学・公学連携は、これから多くの企業や国や自治体や公的機関の皆さんに是非取り組んでいただきたい分野だと思う。

2011年の大震災後の厳しい状況の中で抱いていた、自分の中の生意気な「憤り」は、2012年を迎え、いつの間にか昇華され、より高次の「何か」に変わっていた。未熟な怒りや憤りは、邪魔する人や敵対者を作るだけで、何もプラスを生み出さないのだ。

そして、不思議なことが起こり始めた。

自分の意識が、ドンキを主語にした発想「私とあなた」から、「地域の中のドンキ」＝「私たち」に変容し、やがて「日本」、そして「アジア」を主語にした発想に変わるにつれて、次第に実に多くの新たな出会いが生まれたのだった。

共感と信頼、尊敬と感謝がなければ、真に前に進む原動力とはならない。

そして、怒りや憤りは、短期的なパワーにはなっても、小さな力に過ぎないことを、知ったのだった。

3-13 鹿児島との出会い

震災以降、前述のような公的機関の方々の他に、民間の方々との、実に様々な出会いがあり、連携が始まった。そうした出会いという面で、ひときわエポックメイキングだったのが、鹿児島、宮崎、熊本の観光事業者によるE・NET会（南九州観光誘客促進連合会）で事務局を務める南薩観光の社長の菊永正三さんとの出会いだった。

E・NET会は南九州への観光誘致の受け入れ体制作りを推進しようと2002年に結成された南九州の民間ネットワークで、ホテルや輸送機関、観光施設など約50の事業者が参加している。

2012年の2月14日、テレビ番組『ガイアの夜明け』（テレビ東京系）が全国で放送された。取材過程は、ハードスケジュールで大変だったが、担当ディレクターの約束は実現された。出演を後悔するどころか、番組の内容は、当社のインバウンドの本質を実に簡潔に射抜いていた。自分の考えの核心を抉り出してくれていた。制作に関わっていただいたテレビ東京の皆さん、そして撮影に協力いただいたすべての関係者に心から感謝した。

その反響は計り知れなかった。番組を観た全国の多くの視聴者から、

「インバウンド事業についてアドバイスがほしい、一緒に何かできないか」

「資料を送ってほしい」

などといった、実に多くの反響をいただいた。私自身は日本にいなかったため直接対応できなかったが、放映日の翌日は、鳴り止まない問い合わせの電話への対応で、一日中忙殺されたという。その中にあって、一番具体的な提案をしてきたのが、菊永さんだった。『ガイアの夜明け』の放送翌日、菊永さんは当社の代表番号に電話をかけ、こちらの直通番号を調べ、私に

「とにかく会ってほしい」

とアプローチをしてきたのだ。私は放映日の翌日の2月15日から海外出張に出ており、会社を長期不在にしていた。東京で面談ができたのは、ようやく翌月の3月だった。そして、菊永さんは、そのタイミングで、わざわざ鹿児島から上京してきてくれたのである。

面識一つない自分のもとに遠路鹿児島から駆けつけてくれた菊永さんは、会うや否や、

開口一番、

「番組を観て心が震えた。この人に、とにかくすぐに会いたいと思ったんですよ」

と、口にした。

こちらは、先方がなぜ訪問してくるのか、その意図はよく分からなかったが、ひと懐っこい笑顔の同氏は情熱を込めて、いろいろ自分の取り組んでいることを紹介してくれた。まさしく、菊永さんは鹿児島で観光事業に奔走するインバウンドの「志士」だった。2003年頃にはすでに中国からのゴルフ客誘致や鹿児島市内中心繁華街への中国人観光客の受け入れなどを進めてきたというから、インバウンドに携わったのは私より5年ほども早い。いってみれば先輩で、私以上に長年インバウンドに苦労尽力してきた人だ。

その彼が、

「鹿児島の観光を、鹿児島のインバウンドを共に変えて行って欲しい。鹿児島の観光関係者、民間、行政含め100社を集めます。インバウンド振興のために鹿児島が今、何をすべきかについて講演して欲しい」

と私に要請した。訪問の直接の意図は、この講演の依頼だったのだ。

「何と、行動力のある人だろう」

と、正直驚いた。

初対面の私に、いきなり単刀直入に講演の依頼をかけてくる人も珍しい。それがいつもの彼のやり方なのだろう。しかし、その熱意と斬新さに私は感銘を受け、その申し出の趣旨を即座に社内に諮り、時を置かず応諾した。

4月の始め、鹿児島にでかけ、熱気ある会場で、インバウンドに関する自分の体験と考えを語った。すぐに数多くの仲間ができた。これまでも全国各地でインバウンドに関するセミナーや講演会への登壇の依頼は少なくなく、様々な場所に出向いて話をしてきたが、この鹿児島の講演会は、ちょっと様子が違った。自分自身初めての感覚だった。それは、菊永さんと、鹿児島の関係者の一体感がすでにできていて、その一体感と、自分がずっと考えてきた「私たち」という、地域連携の考えが共鳴したからだと感じた。

講演から東京に戻ると、すぐに中国をはじめとする世界各地から鹿児島港にやってくる国際クルーズ船の乗客を、ドンキをはじめとする市内の商業施設や観光レストランに運ぶ無料周遊バスの共同運行の企画が具体化した。4月以来すでに、毎月運行しており、多数の訪日客がドンキにやって来ている。

またこのほかにも、E-NET会と今年4月にオープンした当社の上海事務所との連携により、上海からの中国人富裕層の鹿児島ゴルフツアーの旅行客も鹿児島のドンキにやってくるようになった。また、当社は、鹿児島県公的機関であるの県観光連盟にも加盟し、各種の海外合同セールスにも参加するようになった。着実に地域連携の質が深まりつつある。

2011年の辛い一年の歩みが、2012年に入り、確実に具体的な成果として実りだしたのだ。

もちろん、こうした出会いは、鹿児島だけにとどまらない。

『ガイアの夜明け』の放映を通して、中国の上海・北京でも、番組を視たという視聴者と、それが縁で知り合いになったり、青森県、沖縄県、福岡市など、全国各地から「ようこそ！マップ」を共同で作りたいという嬉しいオファーがあったりして、どんどん共同プロジェクトが今この瞬間にも各地で進んでいる。

各地の大学や大学院の関係者などからも、講演や講義の依頼があったり、「人民日報」など、国内外の有名メディアからの取材依頼があったりして、今までお会いできなかった人々と広く交流が始まっている。地方銀行の方々や、都市銀行の方々との連携も、少しずつ実を結びつつある。

インバウンドの振興、観光立国の実現のためには、日本のすべての人々の、協力と理解が必要である。われわれがインバウンドに取り組むのは、自分たちのためでも、誰かのためでもない、まさにすべての人々の明日のために、取り組むべきなのである。

第4章

インバウンドの未来

4-1 Reborn from FUKUSHIMA

２０１２年の正月の元旦。私は家族と一緒に、一面が真っ白な雪に包まれた福島県の会津若松にいた。

「一年の計は元旦にあり」

と、昔から言われている。２０１２年の日本のインバウンドの再生は、ここフクシマから始めなければならないと、前年のうちから、密かに心に決めていた。前述のとおり、年末は『ガイアの夜明け』の取材で忙殺されていた。それで、温泉でリフレッシュもしたかった。暮れのうちに、家内に相談したら、

「福島の温泉、あら、いいわね。是非そうしましょう！」

と即座に賛成してくれた。そうして、正月をその地、会津若松で過ごすことになったのだ。

ご存知のとおり、福島県は、２０１１年の大震災よる津波の被害だけに終わらず、原発事故によって、さらに多くの県民の皆さんが苦しみ、避難生活を余儀なくされ、また一方県内各地の観光地はどこも内外の観光客が激減して大きな困難に陥っていた。泊まりに行くことで、観光地のささやかな応援をしようという思いもあった。そして同時に、どうし

ても福島から自分自身の一年を始めたかったのだ。福島を、インバウンド再興の原点にしたかったのだ。

実際、会津若松の市内は、正月ということもあったのだろうが、風評被害の余波ということもあったのか、街角にも宿にも人が少なかった。

そして相客の姿の見えない雪景色の中、私が一人で東山温泉の渓流沿いにある露天風呂の湯船にゆったり浸っていた時だった。湯加減もちょうどよく、外気の冷たさとお湯の温かさが絶妙のバランスだった。そして、ほんわかとした湯気の中で、

「ああ、気持ちいいなあ。このまま、ずっとこの露天風呂の中に浸っていたいなあ」

と思いながら、2012年の抱負をあれこれ思い浮かべていた。苦しかった前年を振り返り、今年一年間の展望についてあれこれと思いを巡らしていた時だった。突然一つの考えが、いや決意が閃いた。

「そうだ、海外事務所だ。よおし、今年こそは、海外に事務所を開くぞ」

気持ちのいい温泉地にもう少し居残りしたいたいなあ、という心の中の誘惑を振り切って、私はこの決意を胸に、電車に揺られて、撮影の待っている東京に戻った。

4-2 海外事務所をつくる

そしてさっそく、社内外を調整し、海外事務所の重要性を説明してまわった。

正直、もっと時間がかかるかと思っていた。ところが思いがけず、会社の上層部にも短期間のうちに賛同をもらうことができた。そして、あっという間に、上海とソウルの事務所の設立が決定した。

2012年の4月1日、まったくの同日に中国の上海と、韓国のソウルに当社の訪日客誘致専門の海外事務所が設立された。また、直近の8月1日には、中国の首都北京でも3番目の事務所が設立された。これらはすべてインバウンド専門のオフィスである。

インバウンドに本腰を入れるようになって4年。これによって、ようやく国外に軸足を置くことができたのだ。実のところ、海外事務所設立という考え自体は、福島の湯船で新発想したわけではない。4年前から、海外事務所ができたらどんなにいいだろうとずっと構想、いや夢想していたのだ。海外出張に出かけるたび、いつも現地の旅行会社の人たちからは、

「えっ、ドン・キホーテは上海（ソウル、北京）に事務所はないの？」

「そうすると、各種の契約書や書類は、わざわざ東京とやりとりしなければならないの？」

「東京に国際電話をかけるのはたいへんだなあ」

「今度は来るのはいつになるの？」

などと困惑され、質問されていた。心苦しかったし、また、非効率だとも思っていた。

しかし、以前は、海外事務所なんて夢のまた夢でしかなかった。

中国・上海事務所開所式（2012 年 6 月 18 日）

それが、今年の正月、福島の温泉の湯船の中において、その夢が目標へと変わり、そしてその目標が、たちまちのうちに現実化してしまった。まさにフクシマから、新しいステージが始まったのだ。

4-3 海外事務所の始動

こうした経緯で、アジアの二大インバウンド市場である、中国（上海・北京）、そして韓国（ソウル）に事務所ができた。

以前は、これらの都市を、単独あるいはネイティブスタッフと共に、数か月に一度訪問していた。忙しいと、なかなか訪問できない時期もあった。そうした状況が、これらの事務所設置によって一変した。

詳細な日報が毎日現地から送られてくる。何か現地の旅行会社からの問い合わせがあれば、リアルタイムに相談の電話やメールがくる。団体のツアーもひっきりなしに当社の各地の店舗にやってくるようになった。現地のテレビ局から当社店舗への取材依頼も日増しに増えた。

中国や韓国が、北海道や九州と同じ感覚で、身近な地域に変わった。国境を意識せず、まるで隣接している地域のような感覚に変わった。想像もしていなかった感覚である。

もちろん、一方的に現地の情報だけがやってくるのではない。海外事務所には、こちらの最新情報も毎日リアルタイムに提供している。各事務所のチームスタッフは、当社の各種のツールを持って旅行代理店などを日夜訪問し、われわれのサービスを現地のすべての旅行代理店に知ってもらえるように積極的に動いている。実際、新たに業務提携の契約をしたいという旅行代理店が、さばききれないほど増えている。

契約済みの旅行会社からは、「ようこそ！カード」や「ようこそ！マップ」などのツール類の追加を求めて、現地事務所に毎日連絡が入る。スタッフみんなが対応に追われ、嬉しい悲鳴を上げている。ただ、以前であれば、個々の旅行代理店ごとに、東京からその都度、海外郵便で送付しなければならなかった。依頼後、最低でも数日はかかる。それが、仮に午前中に頼まれれば、午後には現地の事務所から発送できるようになったのだ。現地事務所から近い会社であれば、スタッフが「ちょっと持っていきますよ」と、手持ちで届けるケースすら珍しくなくなっている。

また、国際郵便（ＥＭＳ）や航空便の料金は、びっくりするほど高い。最近はむしろ印刷までも上海やソウルで行うようになった。はじめは印刷のクオリティを心配していたが、実際の仕上がりを見ると、見分けがつかないほどだ。コストは半額以下だ。

まず、その印刷コストが減った。そして、国内から会社ごとに仕分けて発送する手間が減った。たとえば上海の事務所に一括送付すれば、全部国内配送ですむ。削減効果を全部合わせると、必要経費はおそらく、海外事務所がなかったころの、５分の１以下になっているだろう。現地に事務所を作ることで、現地の運営コストを差し引いても、投下コストはすべて回収でき、おつりがもらえている。

また同時に、当社の現地事務所ができたことで、現地の領事館や大使館などの日本政府関係者、そして自治体の出先機関の方々、また航空会社やホテルチェーンなどの現地の日系の民間企業の皆さんに対し、ドン・キホーテの〝本気度〟を示すことができたとも思う。そしてその結果、現地の〝先輩〟の皆さんとの連携も深まった。ここでもまた、「私とあなた」の関係から、「私たち」の関係が生まれているのだ。

今後は、中国・韓国に加え、台湾やアセアン、そして欧米での事務所開設も視野に入れて検討していきたいと考えている。

4-4 一人では何もできない

4年前、ほんの数名で始めたプロジェクト。当時の私の職務はインバウンド以外が主で、インバウンドは従だった。自分以外の誰もがそうした片手間仕事だった。それが今や、インバウンドに関わる業務のほうが自らのメイン業務となった。しかし今なお自分自身、インバウンドは、電子マネー関連等、社長室の他の業務と兼務でやっている。そんな私が、こうして何とかインバウンド分野において、様々なチャレンジができているのは、以下に述べるプロジェクト内の各チームが日夜活躍してくれているお蔭である。自分一人では何もできない。

今、インバウンドプロジェクトは、大きく分けて次の5つのチームに分かれている。それぞれの仕事は明確だ。

(1) 地域連携チーム

このチームの使命は、国や訪日外国人誘致に積極的な地方自治体や観光協会との連携を深め、協力関係を築き上げること。そして、訪日外国人誘致に関して様々な公的セクターの方々との連携促進を図ることによって、民間だけではなかなか実現しない大きなこと、長期的な計画を模索したり、構想したりすることだ。また、ホテルや国内の旅行会社の皆さんと提携することにより、「ようこそ!カード」や「ようこそ!マップ」の流通を活性化し、着地型のアライアンスを組み、それらをとおして、ドン・キホーテをはじめ、〝ドンキのある街〟全体のインバウンドの成果を最大化することである。

(2) ネイティブチーム

2008年7月の発足当時はインバウンドチームに、ネイティブスタッフは一人もいなかった。しかし、その直後の同年9月には、中国出身の大神がチームに加わった。

それが、この2012年9月の今現在、中国、韓国、タイをはじめとする東南アジア、欧米・オセアニアをそれぞれ担当するネイティブのバイリンガルスタッフが揃った。

ネイティブスタッフの業務は、現地旅行代理店や現地事務所との連携、訪日外国人受け入れのための店頭ソリューションの翻訳、現地の母国語によるSNSの運営管理が主となっている。また、訪日する海外からのメディア取材の対応や、大型の団体訪日客の接遇も大きな仕事である。

(3) 海外事務所チーム

2012年9月現在、3か所にある海外事務所のスタッフの仕事は、日本の本部にいるネイティブスタッフと日々連携をとりながら、現地の旅行会社やメディアとの関係を縮め、「ようこそ!カード」の提携先を増やしたり、既存の取引先とのコミュニケーションを深めたりして、訪日客の送客を積極的に行うことである。また、海外旅行博への出展の際は、ベースキャンプとして、各種の事前準備や事後のフォローを行う。最近は、単に「ようこそ!マップ」を日本から取り寄せ、現地旅行会社に配送するばかりではなく、前述のとおり「ようこそ!マップ」の印刷手配も現地で直接行っている。

(4) デザインチーム

プロジェクトの初期においては、デザイン制作は、社内の別部署や社外に外注に出していたが、2年ほど前からすべて内製化できるようにした。多言語のマップ類やツール類を、短期間にデザインし、何回もネイティブスタッフと翻訳チェックのためにやり取りする業務を外注に出すのは非常に困難であり、もしできたとしても相当のコスト高となるからである。また、デザインテイストを、海外の各市場の好みに合わせて、色使いなど微妙に変えたりする業務は、なかなか外注には出せない。

（5）事務局チーム

当社ではほぼ毎月のように新店ができているので、事務局チームの重要な仕事は、まず免税免許の申請、銀聯カード決済端末の新設、またその移設やメンテナンスである。その他、各店に送るオペレーションマニュアルの改訂作業、カード会社との連携、226にもおよぶ店舗の現場とのコミュニケーションも事務局チームの仕事だ。また、「ようこそ！カード」の実績をシステムから抽出し、数百にもおよぶ国内外の旅行会社へのコミッションの支払い計算を毎月行い、社内の経理部をとおして支払ったりしている。

また、社内の法務部と連携しながら、新規や既存の提携会社の契約書を管理する仕事もこのチームの任務だ。そして、国内外の提携会社や海外事務所に日々「ようこそ！

カード」や「ようこそ！マップ」を求めに応じて発送している。その他、デザインチームと協力し合って、各種マップ類や販促物を改廃したり、新規に企画したりしている。インバウンド関係のWEBやアプリの開発、WEBシステムの保守メンテナンスもこのチームの仕事だ。

以上、国内外合わせて5つのチームが、それぞれ協力し合いながら、店舗の現場や社内全体の間接部門と連携しながら、インバウンド対応の核となってプロジェクトを推進している。

各チームは、それぞれ異なる役割で動いているので、メンバー一人ひとりが自立しており、立場も上下を設けず、対等に近い。全体会議は極力行なわず、連絡方法は携帯メールが主体で、各自の日報をプロジェクトメンバー全体で共有している。個人のスケジュールも社内のイントラネットで互いに確認できるようになっている。

5つのチームは完全な水平分業で、さらに各チーム内もメンバー間はフラットな関係だ。ゆえにそれぞれが責任を持つ。ここにも、当社の基本的な考え、「主権在現」の精神が生きづいている。

私自身、自分一人では、あれもこれもは、できない。それゆえ、各メンバーには深くて狭い権限委譲を行い、それぞれの「現場」を尊重し、一度任せたら、プロセスにはできるだけ口を出さないよう気をつけている。そして、すべては結果で評価するようにしている。

会社全体はもちろん、当プロジェクトが関わるすべての関係者に対し、いつもベストを尽くしてくれている、これら国内外の各チームのスタッフには、いつも心から感謝している。

4-5 教育旅行は国際親善

われわれ民間企業においては、収益を上げることこそが、常に最終目的であるのは当然である。常に最少のコストで、最大の利益をたたき出すことが求められている。インバウンドビジネスにおいても、当然、可能な限りの経常利益を確保していかねばならない。そうでなければ、自分たち自身の存在理由を失うことになる。

しかし、一方でもっと大切なことは、その収益を短期的なものではなく、長期的、永続的なものにすることだ。

では、どうすれば、その利益は長期的・永続的なものになるのか。それは、そもそも、利那的な利益、目先の利益を追いかけないようにすればいいのだ。目先の利益を追いかけようとすると、目先の短期的な利益に敏感な相手としかビジネスができない。その結果、足元を見られたり、だまされたり、約束を不履行されたりして、かえって損失が増えかねない。

インバウンドは、専業でない限り、決して主流の仕事ではない。傍流の仕事だ。インバウンド市場は常に長い目で見るようにしたほうがいい。気がついたら、いつの間にか大きな成長をしていてびっくりした、くらいがいいのだ。短期的な視点だけで見て、この未成熟の市場に過度に依存していると、あっという間に「欠乏マインド」に陥り、いろいろやっているのに、ちっとも儲からない、食えないと、投げ出したくなるのだ。

実際のところ、インバウンド事業とは、国際親善事業ではないかと思う。当社では、大震災の前から、海外からの教育旅行を積極的に受け入れている。これまでにシンガポールや台湾、中国などから、小学生・中学生・高校生・高等専門学校・大学生の企業視察を受け入れてきた。

学生の皆さんは、当社の本社のある中目黒や地方の店舗に遊びにくる。本社であれば社屋内の大会議室で、ドン・キホーテの歴史やビジネスモデルの説明をする。

「なぜドン・キホーテは持続的に成長できたのか？」

「ドン・キホーテの企業としての哲学は何か？」

「どういうところに個性があるのか？」

といった内容で、生徒のみんなと双方向的なコミュニケーションを取りながら、45分のカリキュラムを作っている。

質疑応答も事前に現地から質問事項を送ってもらい、それに対してあらかじめ回答を返したり、レクチャーの後にもまたフォローアップの質問が来てそれに答えたりもしている。

勉強だけでなく、季節によっては、レクチャー後一緒に目黒川の花見にも行くことある。

もちろん、当社の「中目黒本店」での買い物時間も用意している。学校と会社間の公式の贈り物の交換も行っている。手間はかかるが、すべて無償で応対している。

海外の生徒たちは、向上心があり、紳士的・淑女的だ。いい学校の生徒ということもあるのだろうが、マナーもよく、礼節がすばらしい。

そして、

「みなさん、質問ありますか？」

と、問いかけると、実に真剣な質問が返ってくる。一人で何個も質問してきたりする。

また、交流の時間では、向こうから、

「ぜひ、いっしょに写真を撮って欲しい」

とせがまれ、インバウンドチーム全体で記念写真を撮ったり、ツーショットのスナップを撮ったりする。帰る際には、出発したバスの窓から、向こうの姿が見えなくなるまで、ずっと手を振ってくれていたりする。交流するたびに、涙が出るほど感動する。今年もまたシンガポールをはじめ各国からの修学旅行生が当社にやって来た。初めて会うのに、人懐っこくてみんないきなり友達になってしまう。

こうした交流のための手間は、一見すると割に合わない。しかし、気がついたらシンガポールからのドンキへの訪日客が増えている。ご父兄や先生たちの教職員組合による訪日団体旅行のオーガナイザーが当社を指名してくれて、ツアーオペレーターの会社が連れてきてくれるのだ。大震災にも関わらず、結局去年のシンガポールの年間売上は、震災前を超えていた。国際親善は、長期的にだけでなく、意外と短期的にもペイするのだ。

4-6 CSRとしてのインバウンド

当社は、日中国交正常化40周年を記念した文化交流にも協力している。2012年の春には、日中合作の映画『東京に来たばかり』の中国におけるプロモーションを資金的に支援した。この日中合作映画は、東京を舞台にしており、日中の絆の大切さ、深い友情を強く訴えた内容となっていて、協賛して応援する価値のある作品だと判断できたからだ。当社は独自の販促ツールを制作し、中国の上海事務所をとおして、現地の旅行会社の皆さんにも協力してもらい、草の根のサポートについても試みた。

またこの秋には、尖閣諸島問題のあおりにより開催が危ぶまれながらも、関係者の必死の頑張りにより実施されることになった２０１２年10月の「東京国際映画祭」の日中国際映画週間の公式スポンサーにもなっている。当社は、政治と文化交流は別次元のことだと考え、こういう時期だからこそ、逆に日本と中国の文化の架け橋になるような企画を側面からサポートすることをとおして、日中の信頼関係を深め、ひいてはインバウンド振興の長期的な基盤づくりの一助になりたいと考えている。今すぐ、こうした活動によって、当社ドン・キホーテの知名度が、中国ですぐに急上昇するとは考えていない。もっと、長期的なことだと思っている。

昨今、企業の社会的責任（ＣＳＲ＝Corporate Social Responsibility）が問われている。

ＣＳＲとは、

「社会的な存在としての企業が、企業の存続に必要不可欠な社会の持続的な発展に対して必要なコストを払い、未来に対する投資として必要な活動を行うことである」

と定義してよいと思う。

今まさに、日本の企業も、インバウンド振興の前提となる、国際親善支援活動を、価値あるＣＳＲ活動の一つとして認識し、実践すべき時代が来ていると思う。

特にインバウンドに直接携わる事業者にとって、国際的な貢献は大きな課題であると思う。今日、訪日旅行市場に投資したから、明日には、海外からのお客さまが門前市を成すというふうにはならない。そういう短絡的な考えの人は、おそらく別の市場に取り組んだ方がいいだろう。

当社が、海外からの修学旅行の生徒を毎回受け入れたり、日中の合作映画や国際映画祭を後援したりしているのは、実のところ、それらを、CSRとしての国際親善活動としてとらえているからだ。すぐに成果を生むべき短期的なプロモーションとか、販促活動としてはとらえていない。むしろ、こうした取り組みを、(時間はかかるが)長期的に当社のインバウンド事業を持続可能なものにし、将来の当社の繁栄の基礎を提供してくれる社会的な基盤をつくる活動として認識している。アジア、そして世界が今よりももっと平和で安全なものとなり、人々が国境を越えて信頼し、交流する社会になればなるほど、インバウンドの成果は必ずより大きなものとなると確信しているからである。

4-7 「コンテクスト」を見据えたインバウンド

当社が、社内にインバウンドチームを発足させ、訪日プロモーションを始動し、インバウンドのためのインフラ整備に着手したのは、4年前の2008年の7月1日だった。そこからの4年間は、前章までに述べてきたとおり、まさに試行錯誤の連続だった。どちらかといえば、うまく行ったことよりも、失敗したことのほうが多かった。しかし、実際のところ、苦しみと失敗の中からしか、本当に役に立つ答えも具体的な解決策も見つけられないのではないだろうか。順境の中では、深い気づきはないからだ。

第3章で述べたとおり、2011年の大震災によって引き起こされた状況は、とても私一人、また自分たちだけでは、そして自社単独では乗り切れなかった。多くの人々の温かい支援に助けられて、ようやく何とか、新しい状況にたどり着けたのだと思う。その過程で、最初は、ただの「あせり」や「焦燥感」だったり、あるいは本気で取り組んでくれない人々に対する単なる「不満」や「憤り」だったものが、いつの間にか、

「日本の観光業界は、本当にこのままでいいのか?」

「観光への取り組みにおいて、行政側も民間も、今の古い考えのままでは成果をつかめないのではないのか!」

「観光立国は今の延長線上では実現しないのに、なぜ根本から戦略を変えていこうとしないのだ!」

というような、「公憤」、「義憤」というようなものに変わっていった。

そしてそれらはさらに、安易な他者への批判・依存、社会への依存を超えて、
「だったら、俺が変えてやる！」
「自分たちで突破口を開いてやる！」
というような、ちょっと生意気だが、「使命感」とか、「社会全体への責任」「感謝」「共感」というような考え方へと変化していった。

苦しみと失敗の連続の中で手にできた、宝物。それは目に見えるものではなく、こうした目に見えない新たな「視点」であり、「考え方」だったのではないか、と今思う。

常々、自分自身に言い聞かせていることがある。それはいわゆる「コンテンツcontents」だけに囚われない、ということだ。一般的に「コンテンツ」とは、文章を書く際の、個々の話題の内容、素材のことをいう。一方、「コンテクストcontext」とは、通常、文脈のことを指す。個々の話題、内容を超えた、前後の脈絡、そして、文章全体で何をいおうとしているかを指している。「コンテンツ」とは目に見える個々の事柄、「コンテクスト」とはそうした個々の事柄を貫く、目に見えないもの、理念、目的を指す。

文章作成の話をしているのではない。事業を進めていく際にも、この「コンテンツ」と「コンテクスト」の峻別、そして日々の目先の利益等の無数の「コンテンツ」に目を奪われず、価値ある「コンテクスト」を見つけ出すことが極めて大事だと思う。

ほとんどの場合、人々はこれらの各種の「コンテンツ」に囚われる。自分自身もまた、ともすれば、個々の「コンテンツ」に囚われがちだ。インバウンド事業を推し進めていく際には、特にこの「コンテンツ」と「コンテクスト」を峻別し、「コンテクスト」のほうにより強くフォーカスしていくことが大事だと痛感している。

「ようこそ！マップ」や「ようこそ!カード」は、ただの「コンテンツ」に過ぎない。「音声ペン」や「ワイヤレス音声ペン」も一つの「コンテンツ」に過ぎない。接客アプリや訪日客用の「ナビゲーションアプリ」、各種の多言語ソリューションも、それぞれ一つの「コンテンツ」に過ぎない。

各地で講演をし、こうした当社のインフラやツール類を紹介すると、多くの方々が、この珍しい一連の「コンテンツ」に目を奪われ、この「コンテンツ」を生み出した当社の理念、考え方「コンテクスト」にフォーカスしてくる人は少ない。

また、銀聯カードや免税売上の推移、海外事務所の機能など、外形的な「コンテンツ」類について質問をしてくる人がいるが、なぜそうした「コンテンツ」が実現しているのか、その源泉となる「コンテクスト」に注意を向けられることはほとんどないのだ。

日本が観光立国を実現していくためには、第1章で述べたような、「ビザの発給緩和」や、「オープンスカイ」などの政策施策も必要だろう。ＭＩＣＥやクルーズ船の誘致、ＬＣＣの誘致も大事だろう。第2章で紹介した、当社で実践しているような各種ツール類、その他のおもてなしインフラの充実も大事になってくるだろう。「無料のWi - Fi」サービスも重要だろう。しかし、それらは、個々の「コンテンツ」に過ぎない。よくいわれる「日本のおもてなし」というマインドも、それ単体では、一つの「コンテンツ」に過ぎないと思う。

もっとも大事なことは、世界中からやってくる「旅人への、敬意と感謝」、一人では成功できないという強い確信に裏付けられた「共感と絆」、人々に依存するのではなく、自分が人々を支えるのだという「使命感」のようなもの、日本への限りない「愛郷心」、世界中の人との国際親善を求める「人類愛」、これらこそが、インバウンド振興における、そして「観光立国」実現のための最重要な、そして最強の「コンテクスト」ではないか、と思っている。

4-8 P・A・S・S・I・O・Nサイクル

これまで述べてきたドン・キホーテのインバウンドプロジェクトの歩みは、たまたま偶然、今の段階に進んできたものなのか。それは前半では正しく、後半では違う。つまり、最初のころは考えも浅く、猪突猛進の偶然とまぐれの歩みで、後半になって、試行錯誤の中で、次第に考えが深くなり、ようやく計画的になったのだ。

私は誰よりも失敗してきたから分かる。インバウンドは、従来の他の産業、プロジェクトとは違う。従来の発想での成功は困難だ。そして、これまでのマーケティング理論やプロジェクト論をいくら振りかざしても、なかなか成果をつかむのは難しいと思う。

インバウンド分野に限らず、プロジェクトを成功させるには、綿密な戦略策定が不可欠だが、我がインバウンドプロジェクトの戦略はどうだったのか？　正直いって、最初のころは、直感に頼ってばかりだった。直感というと聞こえがいいが、いってみれば単なる思いつきだ。そして、最初は、自分たちのプロジェクトの利益、そして当社の利益ばかりを考えていた。それがしだいに変化してきた。

そこで、本書の締めくくりにおいて、読者の皆さまに少しでも参考になればと思い、未熟で荒削りな段階ながら、これまでのわれわれの歩みを振り返り、その各要素を抽出して再構成し、インバウンドのプロジェクトを推進させていくのに必要な7つの要素とその循環ステップを考えてみたいと思う。そして、それらの要素の頭文字をとって、「ＰＡＳＳＩＯＮサイクル」と名づけてみようと思う。

世の中には、プロジェクトを円滑に進めていく手法として、すでにＰＤＣＡサイクルという有名な考え方がある。ＰＤＣＡサイクルという名称は、このサイクルを構成する次の

4段階の頭文字をつなげたものである。
・Plan（計画）：従来の実績や将来の予測などをもとにして計画を立てる
・Do（実行）：計画に沿って実行する
・Check（点検）：実行内容が計画に沿っているかどうかを点検し確認する
・Act（改善）：実行内容が計画に沿っていない部分を調べて改善を行う

PDCAサイクルにおいては、この4つの段階をPlan（計画）→Do（実行）→Check（評価）→Act（改善）の順に行って、1周したら、最後のActを次のPDCAサイクルにつなげ、スパイラルを描くように1周ごとにサイクルを向上させて、プロジェクトを継続的に改善していくのだ。

もちろん、このPDCAサイクルは、どんなプロジェクトにも適用可能な普遍的なモデルであり、自分自身も業務遂行に際し、常に念頭においている。しかし、私は、インバウンドという分野において、成果を生むプロジェクトを進めていく上では、このサイクルの考え方だけでは足りないと思っている。

それはなぜか。インバウンドでは、「PLAN＝計画」の前にまず、そもそも「何のためにその計画に取り組むのか？」という、「理念」「目的」「理由」、すなわち、その計画の本質である「コンテクスト」を問われているからである。

そこで、私は「PASSIONサイクル」というモデルを提唱してみたいのだ。これは、けっして、PDCAサイクルに取って代わるものではない。あくまでも補完的なものであり、さまざまなプロジェクトの「質」を深め、より大きな成果をつかむための補助グルマである（なお、私は、いつの日にか、この「PASSIONサイクル」の考え方をもっと磨き上げることにより、これをインバウンドの取り組みに限定することなく、世の中のどんなプロジェクトにおいても、役立つ普遍的な手順として一般化できるようにしたいと願っている）。

① P（Philosophy＝哲学や理念）

まずは、「どんな目的のためにインバウンドに取り組むのか？」を定義することが重要だ。この4年間で気づいたのは、その事業の主体者が理念を持って、計画を立てて行動していないと、周りの誰も、その人に協力の手を差し伸べることはできないということだ。インバウンドは長期戦だ。理念がなければ目先の利益を考えてしまい、提携先にも「今すぐ数字がほしい」と結果だけを求めてしまうことになる（同じく、こちら側も即席の成果を求められてしまう）。

インバウンドのビジネスにおいて重要なのは、訪日客の立場、すなわち〝旅人目線〟に立ち、短期的ではなく、持続可能な取り組みを目指すことだ。「1年で外客売上倍増」というような「コンテンツ」的な目先の目標にではなく、「我が社（我が県）は何のために、インバウンドに取り組むのか？」というような問いを、関係者全体で討議し、コンセンサスを形成し、自分たちの事業の理念、すなわち「コンテクスト」にフォーカスすることから始めるのだ。

「何のために？」が不明確であれば、この後のいずれの要素も、意味をなさない。

われわれが日々見かける、少なからぬ数のバウンドの担当者は、すべてを自明のものとして、この「何のために？」という、問いすら立てていないことが多い。ただやみくもにインバウンドに携わっていたり、予算消化、前任者からの引き継ぎ事項、給料をもらうため等のために、取り組んでいたりする場合も少なくない。

② A（Axis＝推進軸）

次に定義すべきなのが、推進軸だ。つまり、〝誰〟が、そのプロジェクトの主体者なのかを明確にする必要がある。ミッションを明確にした後に、誰がそのミッションを実行するのかを定義するのだ。

2008年のインバウンドプロジェクト発足当時の、当社のプロジェクトのA（Axis

＝推進軸）は、「私」、それも「私」だけだった。ドン・キホーテという流通事業者がいて、テーブルの向こうには、推進軸ではない「あなた」という名の、ホテルや旅行代理店の皆さんがいた。つまり、ここには、「私たち」の関係はなかった。ホテルや旅行代理店の方々は、その当時の自分の頭の中では、申し訳ないことだが、正直いうと、まだ推進軸、主体者には入っていなかった。

それゆえ、この関係をセリフにすれば、

「皆さん。訪日観光客を（できれば）ドン・キホーテ（だけ）に送り込んでくださいね！」

という関係だった。

しかし、今や私の発想は変わった。

Ａ（Axis＝推進軸）は、「私たち」となり、プロジェクトの主語、主体者は、ドン・キホーテだけではなくなった。ホテルや旅行会社、そして、自治体や地域そして日本全体をすべてまるごと含み込んだものが、主人公となった。そしてそんなすべてを巻き込んだ「私たち」が、手を携えて一緒に「観光立国」という成果に向かって力を合わせていくような考え方へと変化した（もちろん、今の段階では、考え方や発想がそうなった、といっているのであって、現実、そこまで人々を巻き込めているわけでは、残念ながら、ない）。

「鶏が先か、卵が先か？」という議論があるが、まず、プロジェクトのＡ（Axis＝推進軸）

を、明確に定めることが先だと思う。地域によっては、インバウンドの現実は、まだバラバラの主体で、誰もが自分勝手なことをやっているところもあると思う。それは、現実としてしようがない。しかし、だからといって、「わが社」「わが県」「わが町」だけを軸にして、取り掛かっても、成果はたかが知れている。

現実的な連携や、絆が実在していなくてもいいと思う。「卵」が生まれていなくてもいいのだ。まず先に「鶏」を、すなわちプロジェクトのA（Axis＝推進軸）を「私たち」に設定してみるのだ。そうすれば、その思いが、やがて、連帯という名の「卵」を創り出すはずだからである。

③　S（Segmentation＝分節化）

サイクルの3つ目は、セグメンテーションだ。ターゲティングと言い換えてもいい。「プロジェクトが取り組むべき対象は、どこの誰か？」ということだ。もともと英語のSegmentという言葉の原義は、「自然にできた境目で別れた区分」という意味だ。あれこれ頭をひねることではない。目先の欲を捨て、見栄を捨て、思い込みを捨てれば、当然、力を注ぎこむべき対象は、自然に明確になる。

よく見られがちなことだが、自治体で、優先順位をつけず、めったやたらと世界中の市場でインバウンドプロモーションを行っているところがある。アジア市場にはほとんど取り組まず、西欧諸国に実に熱心にアプローチしているところもある。姉妹都市関係に振り回されている自治体も多い。当然、成果は小さい。また、「発地」すなわち海外の現地だけ、または逆に「着地」すなわち日本国内だけのプロモーションばかりを熱心に実施しているところもある。顧客像を明確にせず、やみくもに訪日の人数ばかり追いかけても、経済波及効果は薄い。誰にフォーカスするのかを考えることが重要である。富裕層・中間層、どんな客層にアプローチするのかももちろん大事だ。

まとめると、顧客の定義と区分を明確にし、「誰に対して」を、もっと細分化、セグメント化することにより、

・「どの国の」、
・「どんな層（超富裕層・富裕層・中間層）の」
・「どこにいる、すなわちどのシチュエーションにいる人々に対して」

アプローチするのかを考え、自らの戦略を精密に定義しなければならない。

ビジネスにおいては、セグメントされた特定の対象に対し、集中的に、かつ効果的にアプローチすることによって、より効率的に大きな成果を得ることが可能となる。

④　S（Service＝サービス）

サービスの原義は、「役務《えきむ》・業務」というよりは、「奉仕・貢献」である。その動詞形であるserveは、本来、神に仕える、奉仕することである。

4つ目のステップは、

「どんなサービスを提供するか？」

を定義することである。言い換えれば、

「何が、自らの最も競争力のあるサービスであるかを自覚すること」

ともいえよう。

当社ドン・キホーテは、流通業である前に、サービス産業である。われわれは、物そのものではなく、物を「売る」というサービス（役務）を提供しているのである。

インバウンド分野における、国や自治体や公的機関が提供する公共サービスとは、訪日する旅人に対し、日本、あるいはある地方・都市を、楽しく安全に旅するインフラを提供すること、と定義できよう。

当社は、前章までに述べてきたように、単独の小売業として単に商品を「売る」ことを超えて、「私たち」という視点で、街全体・地域全体を、まるごと「売る」ことこそを、自らの「サービス」として、定義したのだ。

日本のほとんどのインバウンドのプレーヤーが、いまだに自らの「サービス」を正確に、自覚的に定義しきれていない、と私は思う。何を「売っている」のかを知らないで、成功することはできない。言い換えれば、自らのコア・コンピタンス（核心的競争力＝ウリ）を知らないのだ。高く「売れる」わけがない。

⑤ I（Information＝情報、Intelligence＝重要機密など）

「PASSIONサイクル」において、インバウンドの最終ゴールは、「サービス」を提供することによって、その対価として手に入る、売上や利益ではない。もしわれわれが、明日でプロジェクトを終えるつもりなら、それでもいい。どんどん、荒稼ぎして、売上をどーんと上げ、利益をがっぽり稼げばいい。しかし、われわれにとって重要なことは、そうした刹那的な、一過的なカネではない。誰にとっても、「明日」の方が「今日」よりも大切だからだ。そして、「明日」が大切であるならば、どうすれば、そうした売上や利益を、永続的に上げられるかを、もっと真剣に考えるべきなのだ。

顧客への「サービス」の提供過程において手に入る副産物のうち一番重要で価値のあるもの、それは「情報」だ。われわれ小売業でいえば、

・どんな物が

・どれだけ？
・いつ？
・どの店で？
・どの国の、どんな層の人に？
・どういう決済手段で？

売れたのか、という「情報」だ。これは「知識《ナレッジ》」といい換えてもいい。これらがリアルタイムに分かれば、次にどういう戦略・戦術立てるべきかがすぐに分かるからだ。当社ドン・キホーテは、前章までに述べてきたように、このために「ようこそ！カード」の集計システムや、インバウンド売上統合分析システムを作っているのだ。

また、海外の旅行博は、情報の山だ。国内外の様々な人々が一同に会する場だからだ。すべてがインテリジェンス（情報収集）活動の、恰好の対象だ。しかしほとんどの日本のインバウンド関係者は、そこに気づいていない。ヒントの山がそこにあるのに、ただのイベントで終わっている。

海外の旅行博でわれわれブース出展者が提供する「サービス」の対価は、「訪日見込み客への訪日動機形成効果」などいろいろあるだろうが、われわれがその際、同時に入手すべきもの、それは「情報」である。

「その国の来場者が日本に、そしてその地域に何を求めているのか？」

「そもそも、自分たちの存在を知っているのか？」

「今後、どうすれば、彼らを引きつけられるのか？」

こうした情報に、インバウンド関係者の誰もが、もっと興味と関心を持つべきだろう。価値ある「情報」を持たずに、プロジェクトを進めるのは、カーナビも地図も持たずに、見知らぬ土地を、カンと度胸でただ走り回っていることと何の変わりもないのだ。

⑥　O（Opinion＝社会からの評価・評判）

サイクルの5番目の要素である「情報」は、きわめて重要なものではあるが、実は対象者に提供される「サービス」の副産物でしかないのであって、その「サービス」の真の〝対価〟ではない。そして、今しがた述べたとおり、売上や利益は、「サービス」の一過的な対価ではあっても、本質的な対価ではない。

では、われわれが提供する「サービス」の直接の、そして真の対価とは、いったい何なのであろうか？　顧客は、お金だけではなく、最終的に何をわれわれに払ってくれるのか？

それは、他でもない。Opinion＝社会からの評価・評判なのだ。われわれが「売っている」もの、すなわち提供しているサービスの対価は、常に支払われているのだ。

価値の低い、ひどいサービスを提供すれば、ひどい〝悪評bad opinion〟という対価がもらえる。

逆に、たとえば九州の福岡市が提供している無料Wi - Fiサービスに対し、韓国人の旅行者から

「福岡の街は楽しい。無料Wi - Fiが街中で提供されていて、便利さはまるで韓国の国内と同じだ！」

という良い評判（Good Opinion）がもらえれば、それはサービスに高い対価を支払ってもらえていることになる。

われわれが提供する「サービス」の対価は、断じて目先の売上ではない。笑顔、満足という「評判」こそが、次の需要を生み出すのだ。顧客を騙したりするような、目先の利益に目のくらんだインバウンドには未来がない。なぜなら、彼らは肝心の「評判」という名の対価＝おカネをもらえていないからだ。

⑦　N（Nexus＝絆、結びつき）

そして、これまでの7つのプロセスの最終ゴールは、この〝絆《きずな》〟、人と人との信頼関係、強い結びつきだ。笑顔や満足という良い「評価」は、やがて、人と人とを結びつける、磁

石のような働きをし始める。

今述べた④S（Service＝サービス）とは、決して、サプライアーと旅人との間で、固定的に一方通行で提供されるものだけをいっているのではない。人は誰も、生きている限り、自らの「人格的魅力」、自らの「人間性」を相手に「売る」という「サービス」を提供しているのだ。

その人に魅力があれば、その「サービス」は高く売れ、よりよい「評価」となり、より強固なネクサス（絆）を生む。そうして、人と人とが出会い、仲間になり、盟友になる。

インバウンド事業をとおして出会う、すべてのステークホルダー（利害関係者）との結びつきを作ること。すなわち、訪日外国人との絆、民間の事業者同士、国や機関・自治体などとの官官・官民の信頼関係、真の友情、真の絆を築くことこそがインバウンドの最終ゴールなのである。これらの絆が強固なものになればなるほど、日本のインバウンドは隆盛していくことだろう。

目先の売り上げなどプロセスに過ぎない。評判もそれが一過的なものであれば、意味がない。インバウンドをめぐる永続的な結びつき、〝絆〟こそが、7つのサイクルの最終段階であり、成功へのカギである。

しかし、この7番目の「絆、Nexus」の段階にたどり着いたところで、これら「PAS

SION」のP↓A↓S↓S↓I↓O↓Nの7つのサイクルが終わるわけではない。最後のN（絆）は、最初のP（哲学・理念）にループして戻るのだ。そして、その絆が、最初の哲学・理念の質により良い影響をおよぼすようになる。最初のPの質が高まると、次の2番目から7番目のすべての要素、A・S・S・I・O・Nがそれぞれいい影響を受けて、バージョンアップする。すべては無限のループ。サイクルなのだ。そのプロジェクトは、スパイラルの円を描きながら、無限に伸びていく。

インバウンドのプロジェクトは、こうした7つのサイクルを経ることをとおして、常にスパイラルに、すなわち、らせん階段状に上昇しながら循環することにより、より大きな、より高次元の成果を生み出していくことが可能になるのである。

まさしく、インバウンドビジネスは、より高い成果を求める、無限の行程なのだ。そして、いうまでもなく、これらP↓A↓S↓S↓I↓O↓Nの7つのサイクルは、常に「激しい情熱《パッション》」、すなわち「激しい情熱《パッション》」に裏打ちされていなければならない。「激しい情熱《パッション》」のないプロジェクトは、何ひとつ大きな成果を産むことなどできないからである。

■PDCAサイクル

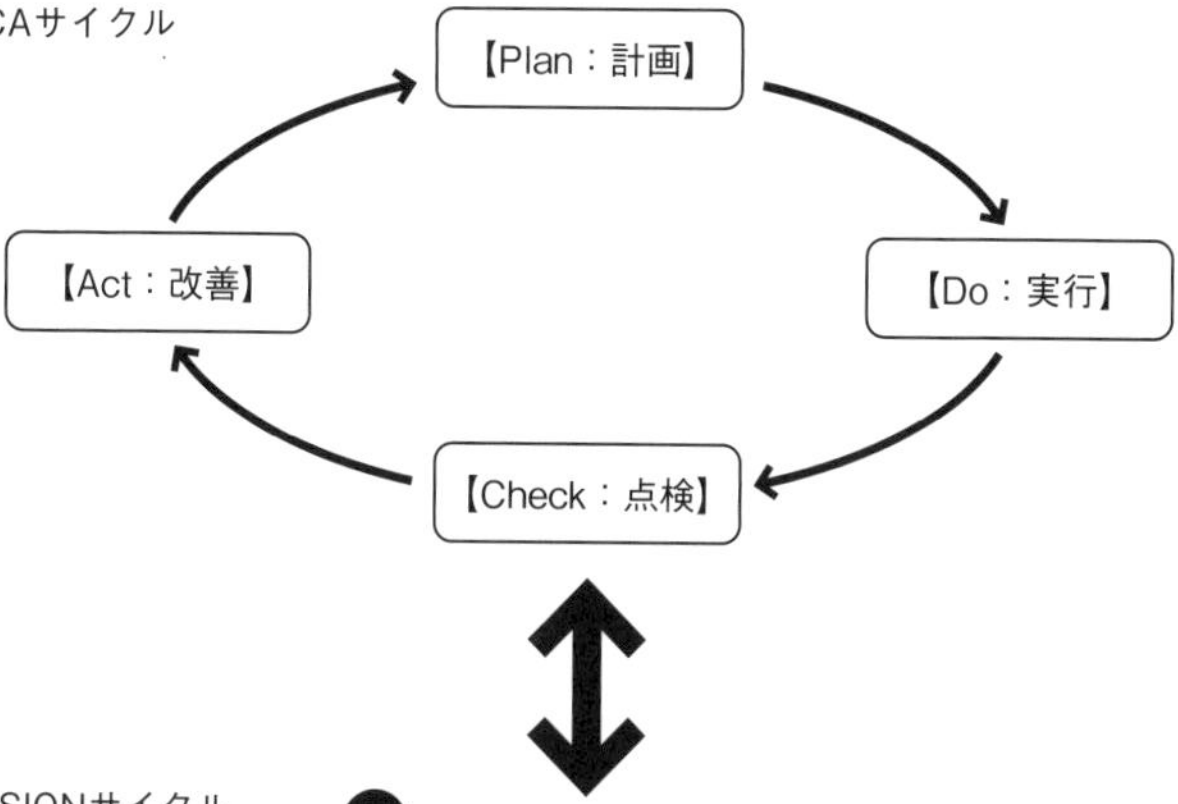
【Plan：計画】
【Do：実行】
【Check：点検】
【Act：改善】

■PASSIONサイクル

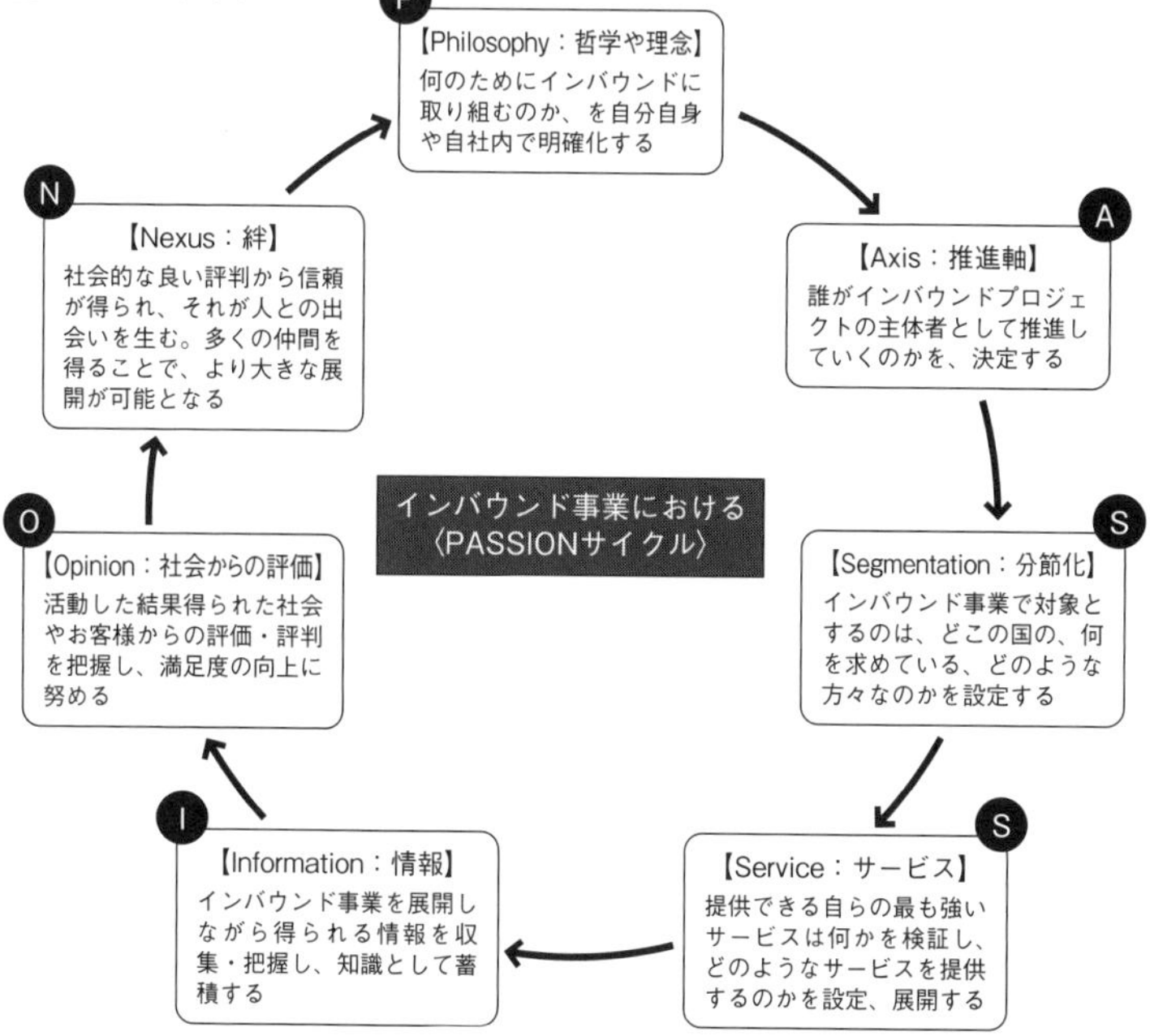
P
【Philosophy：哲学や理念】
何のためにインバウンドに取り組むのか、を自分自身や自社内で明確化する
A
【Axis：推進軸】
誰がインバウンドプロジェクトの主体者として推進していくのかを、決定する
S
【Segmentation：分節化】
インバウンド事業で対象とするのは、どこの国の、何を求めている、どのような方々なのかを設定する
S
【Service：サービス】
提供できる自らの最も強いサービスは何かを検証し、どのようなサービスを提供するのかを設定、展開する
I
【Information：情報】
インバウンド事業を展開しながら得られる情報を収集・把握し、知識として蓄積する
O
【Opinion：社会からの評価】
活動した結果得られた社会やお客様からの評価・評判を把握し、満足度の向上に努める
N
【Nexus：絆】
社会的な良い評判から信頼が得られ、それが人との出会いを生む。多くの仲間を得ることで、より大きな展開が可能となる
インバウンド事業における〈PASSIONサイクル〉

第5章

「トラベル・ジャーナル」コラム

２０１１年、２月の寒いある日。オフィスで仕事をしていると突然、電話が鳴った。受話器を取ってみると、旅行業界専門誌では老舗の『週刊トラベル・ジャーナル』（以下、『ＴＪ』）の編集長からだった。

「中村さん、うちでコラムを書いてくれませんか？」

月に一度、１年間にわたる長期連載の巻頭コラムの執筆依頼だった。まず、なにしろびっくりした。それまで、自分の人生において雑誌にコラムや文章などを発表したことなど一度もなかったからだ。

光栄だと思う反面、戸惑った。なぜ、自分なんかに依頼があったのだろうと訝しく思った。

２００８年の７月にインバウンドの担当になって２年半、２０１０年３月にインバウンドが自分のメイン業務になって、プロジェクトが本格化してから数えたら、この時点では、まだ１年しか経っていない。こんな素人の自分が書いた文章が、旅行業界のプロの人たちの読む業界誌で、お役に立てるのだろうかと心配になったのだ。

それでも同時に、ああ、これは是非チャレンジしてお受けしたいとも思った。なぜなら、自分のように素人であるがゆえに、素人目線で実践せざるを得ない人間が書く内容は、いまだ日本では歴史の浅いインバウンド訪日旅行の分野に携わる人々にとっては、一番身近なヒントになるのではないかと思ったからだ。そして、自分にはさしたる理論や知識はないが、経験だけはチャレンジの数だけ豊富にあるとも思った。私は、急いで社内の調整を行い、数日のうちにお引き受けさせていただく旨を編集長に伝えた。

そして、そう決心し、連載が決まった矢先、予想だにしない出来事が起きた。連載開始月である4月を控えた3月。まだ1回目のコラムも脱稿しないうちに、2011年3月11日を迎えたのだ。本書の第3章で述べたとおり、東日本大震災によって、訪日観光市場はこれまで聞いたことがないほどの大きな悲鳴をあげていた。

これで、ただ私の経験を紹介するだけでは収まらなくなった。訪日観光市場の『復興』という二文字も必然的にテーマに加えなくてはならなくなった。

『TJ』のコラムを書き進めたこと自体が私自身にとっては、大きな刺激となった。3・11直後に最初の号（2012年4月11日発行号）を書き、それ以降ずっと震災からの復興のプロセス、そして自分の思いを書き綴ってきた。

毎月、コラムを読んだ周りの業界人の方々から多数の感想や励ましをもらった。そして、業務や講演などで地方に出かけると、「ああ、中村さん。『TJ』のコラム、毎月楽しみにして読んでいますよ！」と、直接、声をかけられる機会が増えた。

また、当社の経営陣からは「光栄な役目をいただいたのだ。雑誌は公器なのだから、ドンキの宣伝や紹介だけになってはならない。世の中の役に立つ内容を心がけなさい」と励ましてもらった。

毎月、コラムを書き続けていると、自分自身、通常業務の中にとどまらず、海外・国内出張、ひいては日常生活においてさえ、いつも「次回はどんな内容を書こうかな？　何をテーマとして選ぼうかな？」という問題意識を持ち続けることになった。以前はただ漫然と考えていたことが、いつの間にか、一つの事象を捉えて考える際にも、常に問題を結晶化して、そのテーマをコラム化した際の起承転結を考えながら暮らすようになった。この生活習慣はコラム執筆の思いがけない副産物となった。

そして、1年間で終わるはずだったのだが、今年の2月に「2年目、2012年度も書き続けてほしい」という『TJ』編集長からの嬉しい依頼があり、今現在もコラムは継続執筆中である。

本章には、今も連載継続中の『TJ』のバックナンバー（2011年4月から2012年9月号まで）を寄稿順に収録している。以下に掲載しているコラムの内容が、本書の1章から4章までの内容と一部重複するところもあると思うが、このバックナンバーの収録に際しては、あえて、文章の加筆修正を一切していないことをあらかじめお断りしておきたい。発表順に並べたコラムを、大震災後から今に至る時代の状況の変化の中に照らし合わせながら、読んでいただければと願っている。

今こそ訪日客に満足と感動を！

（TRAVEL JOURNAL 2011.4.11）

「ドン・キホーテ」という企業名は、スペインの文豪セルバンテスの小説『ドン・キホーテ』に由来する。

騎士ドン・キホーテは、従者サンチョ・パンサと共に騎士道の理念実現のため、夢と希望を胸に遍歴の旅に出る。そう、彼はまさに400年前の旅人（ツーリスト）なのだ。旅の途中、彼は丘に並ぶ巨大な風車の羽根を巨人ブリアレーオの長い腕と見まちがえ、成敗しようと全速力で突撃し、逆に吹き飛ばされてしまう。ところが満身創痍のなか、少しもへこたれることなく、意気盛んに旅を続ける。当社はこの騎士ドン・キホーテの破天荒な挑戦と冒険の旅姿への敬意を込め、社名にしている。

スペイン語の「モリノス・デ・ヴィエント（Molinos de Viento）」には、「風車小屋」という原義の他に「破天荒な挑戦」という意味もある。そこで連載タイトルを「風車小屋だより」とし、日々のチャレンジによって起こる生のエピソードを、温度感も含め現場から実況できたらと願っている。

本題に入ろう。3月の東日本大震災の直後、日本中が騒然としていたさなか、旅行会社から、予定していた箱根観光が計画停電のため、芦ノ湖遊覧もロープウェイ乗車もできないということで、タイからのツアー客を急遽、新宿のドンキに連れて行きたいというお申し出があった。店長に即座に連絡した。「こんな時期に来店いただけるなんて嬉しいですね」。店長は心から喜んでくれた。

タイのツアー客はその日の夕刻、新宿のドン・キホーテに到着した。店長とともにバスを出迎え、店内に案内し、精一杯のおもてなしをした。笑顔一杯のご一行だった。ところが彼らは地震直後の3月15日に羽田に到着し、当日宿泊した富士山麓で直下型の余震に遭遇していた。来店したのは、前夜に眠れぬ夜を過ごした翌日だった。にもかかわらず、疲れも見せず笑顔を絶やさず、買い物を楽しんでくれた。買い物終了後、全員で記念撮影し、手を振ってお見送りした。ガイド氏をはじめ皆、口々に「また来たい」と言ってくれた。心底嬉しかった。

タイの4月中旬はソンクランという水掛祭りの時期で、正月にあたる。4月13~15日を中心に前後1週間程度の連休となる。日本では中華圏の春節（旧正月）はすでに広く知られているが、タイの連休についてはまだよく知られていない。自分も最近知ったばかりだ。各国に各種年中行事があり、国情が違う。これまで日本では、お隣の韓国の他は中華圏一色だったが、これからは多様な国から、多様な休日、多様な文化をもった人々に来日してもらい、来店してほしい。海外からの訪日旅行はそれなりの連休が必要だ。遠い国からであればなおさらだ。まずは海外の連休情報から知ることが大事だろう。

昨年、シンガポールから修学旅行客をお迎えした。その結果、口コミを通じて、年間を通して、シンガポールからの団体客があった。他の学年の生徒や、その父兄まで来店してくれた。今年の来訪も楽しみにしている。満足と感動が次の商機を生み出すのだ。

口コミほど強力な宣伝媒体はない。おもてなしと顧客満足こそが集客の源泉だ。目に見える顧客の向こうにその何十倍もの顧客がいる。「今日の顧客が明日の新顧客を生む」という法則がインバウンドの訪日客にも当然、適用されるだろう。東日本大震災という、未曾有の大災害の影響が今なお残るなか、訪日中の皆さんに、満足し、感動してもらえるようなサービスこそが、必ずや近い将来の自店の、ひいては明日の日本のインバウンド隆盛の礎となることを確信している。

この苦難の時期には、オールジャパン体制で臨みたい。今こそ、日本の「おもてなし」の真価が問われている。目先の状況に一喜一憂せず、長期的な視点で、微力ながら日本のブランディングに貢献したいと願っている。

May, 2011

絆《きずな》が生み出す連帯のパワー

（TRAVEL JOURNAL 2011.5.16）

今回の大震災によって、宮城、福島をはじめ、当社の複数の店舗が被災した。しかし、幾多の関係者の懸命の努力により、ようやく復旧を遂げた。そして震災をきっかけとして、乾電池や水や食料を廉価で常時提供する生活インフラとしての存在感が増し、売り上げも前年実績を力強く超え、お蔭様で堅調だ。

しかし、東日本のインバウンド売り上げは目下前年割れを起こしている。もちろん日本全体の訪日客が激減しているなか、特定地方で売り上げが一時的に減少すること自体に不思議はない。ところが、驚いたことに例外があった。それはどこか。確かに西日本の多くのドンキは前年のインバウンド実績を超えている。それも驚くことではない。実は東日本で、それも東京のど真ん中で、震災以降も前年を凌ぐ勢いでインバウンドの売り上げを上げ続けている店舗があったのだ。それは新宿店だった。

では、何が他地域のドンキと違ったのか。探すまでもなく、答えはすぐ見つかった。それは、昨年末に始めた「ようこそ！ＭＡＰ新宿版」の存在だった。これは、各ホテルでチエックイン時に訪日宿泊客に手渡して頂いている英語・中国語・韓国語版の多言語MAPだ。この地図には、各ホテルと飲食店と当社の店舗情報が詳しく載っている。ホテルとの連帯の力・絆の生み出すパワーが集客を支えてくれていたのだ。しかし一方、新宿地区の各ホテルはどこも稼働率が落ち、大打撃を被っている。そこで今回ワンウェイではなく、ドンキの店頭にも各ホテルの日本語パンフを配備し、ドンキに来店している出張者等の日本人顧客を逆にホテルに案内するサービスを無償で始めることにした。これによりツーウェイ、すなわち相互乗り入れとなる。

先日、上記の件で新宿の店長に相談した。店長はこう即答してくれた。「大賛成です！ホテル様には感謝している。恩返しがしたい。今度はうちの番です」。嬉しかった。そしてちょっぴり誇らしかった。なお、新宿地区の主要ホテルとは法人契約を結び、当社の地方社員が東京本社に出張の際には、同地区を選んで泊まれるようにしている。ほんのささやかな恩返しのつもりだ。

『7つの習慣』の著者スティーブン・R・コーヴィーはかつて、「相互依存の関係は、依存＝甘えの状態を脱しただけの自立（非依存）の状態よりも、さらに高次のあり方だ。そしてこの相互依存の関係は、自立した人々のみが選択可能な関係なのだ」と説いた。自立（非依存）は、自助と言い換えてもいいだろう。なお、今回の震災は自助努力でリカバリーできるレベルを遥かに超えている。今こそ連携し、相互依存の関係、すなわち、より高次の互助の関係を選択すべき時だと強く思っている。

ときに大震災で困っているのは我々日本だけではない。訪日旅行を主力にしている各国の現地旅行会社も存亡の危機にある。逆説的な言い方だが、今は海外との絆を深める好機ではなかろうか。今こそ笑顔で連帯し、みんなで次の飛躍のための助走を全力疾走すべき時期だと思っている。秋までに、「ようこそ！ＭＡＰ」は新宿版に加え、北海道、横浜、大阪、熊本、池袋、六本木、銀座、上野・秋葉原、渋谷に順次展開していく予定だ。

震災で罹災した方々のことは一時も忘れてはならない。しかし、自粛、自粛だけでは、新たな富を生み出せず被災地への支援もままならない。自粛が萎縮の言い訳であってはならない。萎縮することなく、伸びやかに復興に向けた破天荒なチャレンジを続けていきたい。手綱を緩めている余裕は今、我々にはない。オールジャパン、そして国境を越え、国際連携で乗り越えていきたい。今は共に果実を手に入れるための種まきの時期、そして絆を深め、連帯のパワーを発揮させていく時期ではないだろうか。

June, 2011

ショッピングツーリズムと訪日旅行の熱い関係

（TRAVEL JOURNAL 2011.6.13）

最近、出張が増え、同時にお土産を買う機会が多くなった。時間の制約のある中で、あれこれ悩みながらお土産を選ぶのは旅の醍醐味の一つだ。お土産があれば、「土産バナシ」もはずむ。日本は元来、お土産大国だ。今回は、お土産について考えてみたい。

この、お土産文化がアジアでは、一段と盛んだ。中華圏や韓国では、今なお共同体意識が強い。旅行時には親戚同士で留守番をしあったり、子供の面倒を見あったり、また餞別をはずむことも多い。人と人との絆が深いのだ。アジア人の訪日旅行者の購買額が高い背景にはこれがある。一方、日本では高度経済成長に伴い、共同体意識が希薄化し、核家族化が進み、人と人との絆が薄らぎ、お土産を買って帰る対象が格段に減った。それゆえ、各地で土産モノを山のように買い込む団体観光客は、もっぱらアジアからの訪日客だ。

したがって、今や訪日市場、いや観光市場から、アジア人顧客を取り除いたら、恐らくどこも成り立たないだろう。アジアからの訪日客が第一に求めているのは買い物だ。もちろん、グルメ、温泉、文化体験、名所旧跡、自然景観も訪日旅行の重要な要素であることは言うまでもない。しかし、訪日旅行から買い物の要素が欠如してしまったら、日本に旅する彼らのモチベーションの大半が失われるのは間違いないと思う。団体旅行メインの中国はもちろん、FIT（自由旅行）が伸びている韓国や香港、台湾からの旅行客でも、この傾向は変わらない。

従来、旅行業界で買い物という要素は傍流だった。お土産というジャンルは、観光の主流ではなく、あくまでも「おまけ」的な位置づけに近かった。しかし、日本が観光立国という国家戦略を実現する上で、今後「ショッピングツーリズム」というジャンルに一段と注力すべきだと思う。日本では、この研究領域は手つかずだ。香港や欧米では大学に専門の講座があり、専門家が多数いる。観光免税制度についても研究が進んでいる。日本では、専門家はほぼゼロだ。国際競争において、最近日本が香港、韓国、シンガポール等の後塵を拝している主因の一つはここにある。従来の温泉地のお饅頭や羊羹のような狭義のお土産モノの発想から、「日本のすべてのモノがお土産なのだ」という発想にいち早く切り替えるべきだ。観光立国とは、特定の観光地が観光の対象ではなく、日本の全国土が観光地となること、日本の物産・サービスのすべてがお土産モノになるということだと思う。

お土産「モノ」といったが、しかし実は一番大事なのは、モノではない。モノを買う行為そのもの、すなわちモノを探し、欲しいモノを見つけるプロセス。渡す相手の顔を思い浮かべながら、モノを選ぶプロセス。悩んだり相談したりしながら、何を買うかを決定する過程そのものが楽しいのだ。大事なのは、旅人の体験（エクスペリエンス）価値だと思う。買いモノ自体が文化体験なのだ。旅の醍醐味は、冒険、未知との出会い、非日常、そしてその体験の共有にあると思う。

ご存じのとおり、英語でお土産は「souvenir（スーベニア）」という。これはフランス語の「思い出す」からきている。お土産とは、旅先での楽しい非日常体験という「思い出」を、日常に戻って周りの人々と分かち合うためにある。「モノより思い出」というTVのCMがかつてあったが、実はお土産そのものが思い出なのだ。旅の要素の全部が買い物とはいわない。しかし、訪日旅行の振興には、「ショッピングツーリズム」の進化と深化が不可欠だということは間違いないと思う。

88年に制定された現在の免税制度は、当然、観光立国を前提にしていない。今回の大震災によって大きく落ち込んだ訪日市場の早期の復活のためにも、免税制度の見直しを含め、ショッピングツーリズムの分野へのもっと活発な議論が必要だと強く思っている。

July, 2011

アフター7《セブン》難民の憂鬱

（TRAVEL JOURNAL 2011.7.11）

1日の折り返し点がいつかと問われれば、大半の日本人は、当然のように「お昼ごはん！」と即答するだろう。ところがこの常識は、アジアでは非常識だ。では、どこで折り返すのか。自分もこの事実を知ったときには驚いたが、「夕ごはん！」なのだ。特に中国は共産主義ということもあり、残業の多い日本では考えにくいが、人々は夕方17時きっかりに仕事を終え、すでに17時半にはどこかで夕飯を食べ始めている（実際、上海や北京でそうした光景をよく目撃する）。そして、19時にはさっさと食べ終え、さあこれからどこで買い物し、どこで楽しもうかと思案する。ソウル、香港、上海、シンガポール等を旅したことのある方であれば、夜遅くまで買い物客で賑わう街の様子を思い起こし、この事実をすんなり理解していただけることだろう。

訪日団体旅行の場合、18時前後にチェックインする。温泉宿ではすぐに夕食だ。そこから食べるのに30分、入浴に30分。宴会もしないし、日に何回も温泉に入る習慣もない。19

時頃には全部終わる。多くの場合、それ以降、宿の中ではすることがなくなる。東名阪等の大都市圏の宿でも温泉がないだけで、事情はほぼ同じだ。「ハレ＝非日常」と「ケ＝日常」で分けるなら、訪日旅行は当然、ハレの祝祭空間だ。それ故、深夜どころか朝まででも楽しもうと思っている。当然外に出て「さあ、これから」と意気込む。しかし、宿の周りの商店街はすでにシャッターが閉まっている。肩を落として落胆し、彼らは観光難民となる。そして憂鬱な長い夜を過ごすのだ。

残念ながら各宿に、各国の母国語のチャンネルが用意されていることはまだ少ない。それ故どうしても外で遊ぼうとなる。海外旅行をするようなアジアの富裕層の大半は大都市部に住んでいる。夜の賑わいを堪能したいのだ。また、前回も述べたとおり、彼らの訪日旅行の眼目は本国に残してきた人々へのお土産探しだ。静かな温泉場や美しい景観を求めて来た人も、それだけでは満足しない。夜、買い物もしたいし、遊びも堪能したい。しかし、買い物にしろアミューズメントにしろ、日本の夜のソリューションは圧倒的に弱い。

では、どうすればいいか。まず客室内のテレビの各言語対応は必須だろう。そして、夜の街のソリューションが大事だ。カジノが各地で実現できたら言うことはない。しかし、ぜいたくを言う前に、夜のショッピングが楽しめれば、それだけでも喜ばれる。宿の外でのグルメ三昧も楽しい。パチンコ文化を楽しんでもらうのもいい。インバウンド客専用の夜のバス運行を企画してもいい。従来、昼間のソリューションばかりに目が向けられてきたが、今後の訪日旅行の振興には、実は夜こそが肝だという事実を官民ともに認識し、各種施策の大前提にすべきだと思う。夏の電力需要のピークは16時台までだ。19時以降は緩やかに需要が減る。社会的な負荷はほとんどない。深夜は震災による昼間の電力不足とは無縁だ。ここは大事なポイントだろう。

当社ドン・キホーテは、微力ながらこの訪日ナイト市場にすでに参入させていただいている。全店のインバウンド売り上げの合計は、震災の影響を乗り越え6月に前年実績を超えた。しかし、この途方もなく巨大な、訪日客のナイトマーケットを、当社単独で取り組んだところで、非力でとても対応しきれない。この大市場を日本の多くの事業者と分かち合いたいと思っている。どんどん新規参入していただきたいと心底願っている。

訪日旅行隆盛の要はアジア市場の獲得だ。それ故、このアフター7難民の「憂鬱」を解消し、日本全土を今夏以降、アフター7「天国」に変えていくことが重要だ。この夏、大震災で落ち込んだ訪日旅行市場の復興の鍵は、何よりもアフター7天国＝「真夏の夜の夢」の実現ではないだろうか。

August, 2011

人生の可能性を拡げる旅の力

（TRAVEL JOURNAL 2011.8.8）

先日、東北地方を家族で旅した。奥入瀬渓流、八幡平など東北の自然はため息が出るほど美しく感動した。もっとも、風評被害による観光客の激減には胸が痛んだ。そして、現地観光業界の、時代に取り残された現状に深刻な危機感を持った。昔ながらのマスツーリズム型の対応を受けて、まるでベルトコンベアーに乗せられた気分だった。確かに士気高く、感じのいいスタッフも散見された。しかし、全体が供給者側の論理で組み立てられていて、残念ながら旅人目線のサービスや教育の不足を感じた。

旅行業界に限らず人材教育への投資がないと、業務は自ずと劣化する。観光業界であれば、旅人目線に立った高度なホスピタリティ意識の絶え間ない更新が不可欠だ。破壊され、老朽化した観光施設の再建問題とは別に、この根本課題を掌握し、どう支援し、最適化していくかが早急に議論されるべきで、それが復興支援の眼目になる。もちろん、東北に限った問題でなく、日本全体の問題だ。観光業に携わっていると、旅という非日常的な営みが、いつしか日常となる。我々はもう一度、自らの旅の文化の原点に帰るべきではないか。

中国語の「旅（リョ）」と日本語の「たび」は当然、本来違う。古代の象形文字である漢字の「旅」は、「方＝旗《はた》」の下もとに、人が2人従っている姿を表している。一方、日本語の「たび」の語源には、「他日（たび）＝非日常」「他火（たび）＝旅先の竈かまどの飯」「給たべ＝旅先で食料をもらう」等の学説があるようだが定説はない。専門書を読むと「たび」は、記紀・万葉集の時代よりもっと古い言葉のようだ。では、その原義は何なのか。

「度々（たびたび）」、〜する「たび」、「再び（ふたたび）」などで使われる「たび」が、「旅」と同源の言葉であることはすでに定説になっているようだ。私見ながら、これを敷衍（ふえん）すると「たび」の原義とは、「家を離れて何かをする機会・可能性」になる。英語でいうと、opportunityだ。ちなみに、この英単語を分解すると、opは「〜に臨む」の意。そして綴りの真ん中にport「港」が潜んでいる。文字通り船が接岸している状態だ。数百年前の大航海時代、乗組員たちは積荷を満載し、万里の波濤を乗り越え、命懸けの船旅をし、港にたどり着いた。そして交易による大儲けの可能性に挑んだ。opportunityとは本来、海の旅人に約束された成功の可能性を指す。日本語の「たび」は、この英単語の語義に近い、「日常を離れ、何かに出会う可能性・好機」という原義を秘めているのではないか。

そう、旅とは冒険であり、新たな出会いであり、人生の可能性を拡げる「好機」だ。本来、観光業界は、旅人の人生の可能性を拡げる手助けをするプロ集団であるべきだと思う。旅の哲学というほど仰々しいものではない。しかし、理念無きところに利益は生まれない。理念の深化が必要だ。当社ドン・キホーテは、今秋、訪日観光客市場に加え、国内旅行マーケットを開拓し、年間のべ2億人の当社の来店顧客を旅に誘う事業に乗り出す。日本の旅文化の弱体化は人ごとではない。自らの問題として捉え奮闘していくつもりだ。

インバウンド振興を声高に叫ぶ前に、我々はもっと日本を旅する必要がある。観光業界の人間は業務出張に加え、私人としてもっと旅をし、人生の可能性を拡げたらいい。自らの体験に基づき、顧客目線のハートで旅人と接しない限り、我々に未来はない。１９９１年に3・06あった1人当たり国内年間宿泊数が、２０１０年には2・33へと、25％も減った。この現実を直視せず、穴埋めを安易に訪日旅行に頼っても、観光立国は実現しない。自国の魅力を知らずして、外客にその良さを伝えることは不可能だ。休暇の分散化は必須だろう。皆さん、まずは今夏、人生を切り開く、可能性の旅に出かけ、旅の力を実感してみませんか！

September, 2011

「ようこそ！」のおもてなしをいまこそ！

（TRAVEL JOURNAL 2011.9.12）

昨年4月、当社ドン・キホーテで「ようこそ！ＭＡＰ」という多言語の地図サービスを始めた。すると、ある方から「訪日のキャッチフレーズが変わる時期に、なぜ今さら、そんな古い言葉を使うんですか？」と尋ねられた。他意のない、素朴な疑問だったのだろう。しかし私は、「古い言葉ではなく、とてつもなく古い言葉だから選んだんです！」と、むきになって反論してしまった。忘れえぬ記憶だ。

そう、観光庁は03年のビジット・ジャパン・キャンペーン開始時以来使用してきた〝Yokoso! Japan〟を、10年4月に〝Japan. Endless Discovery.〟に変更した。では、当社はなぜその時期にあえて訪日客向けサービスに「ようこそ！」の冠をかぶせたのか。それはこの言葉が、「古さ」に加え、とてつもない「深さ」を備えていたからだ。この言葉以上に相ふさわ応しいものは見つからなかった。

「ようこそ」は、千年以上前の古い言葉だ。「ようこそ」は、本来「よく（善く）こそ」で、

「こそ」は、強調の助詞「ぞ」よりもさらに強い助詞だ。それゆえ、英文法にたとえれば、「よく」は原級（well）、「よくぞ」は比較級（better）、そして「よくこそ＝ようこそ」は最上級（best）となる。昔は「ようこそ」の後ろに、「いらっしゃいませ」が続いていた。それが後代に、「ようこそ」だけで独立した。ちなみに「いらっしゃいませ」とは、「（尊敬の動詞）いらせられる」と「（丁寧の助動詞〝ます〟の已然形《いぜんけい》の）ませ」が合体したもので、「いらせられませ」↓「いらっしゃりませ」↓「いらっしゃいませ」と変化したものだ。そう、まさしく「ようこそ」は、来訪者への、最上級の尊敬と、感動と、喜びの思いが凝縮された最強の言葉なのだ。

「ようこそ！」の英訳はWelcome!でドイツ語訳はWillkommen!となる。どちらもラテン語に由来する「喜ばしき来訪者」というシンプルな原義だ。語頭のwel/willは「well（喜ばしい、善い）」の原級。なお、ドイツ語で正式に歓迎を表す場合、よく耳にするフレーズだが、Herzlich Willkommen!というふうに「Herzlich（心から）」という強意の副詞が必要だ。中国語の「歓迎光臨」は、「光臨（〝来訪〟の尊敬表現）」を「歓迎する」というシンプルな意味をもつ。もちろん、ここで彼我の優劣を論《あげつら》いたいのではない。ただ、日本語の「ようこそ！」が同じく簡潔なフレーズながら、世界の各言語に伍する強く深い力を秘めている事実への認識を喚起したいだけだ。

「ようこそ!」には「感謝」の意味もある。今でも、因幡《いなば》地方(今の鳥取県)の方言では、「ようこそ!」は「ありがとう」の意味で使われている。ところで、感謝の語源を英語でたどるとどうなるか。英語の〝thank〟(感謝する)は〝think〟(考える)と同源だ。それゆえ、〝thank you〟「ありがとう」は、〝think you〟「あなたのことを思う」に通じる。自分ばかりを主語にしていると、感謝の念は沸いてこない。自己の利害、損得が先に立つ。相手を主語にした時のみ、感謝の念が生まれてくる。

大震災後の余震や原発の問題を抱えた今の日本に、あえて少なからぬリスクを抱えて来日中の訪日客を主語にして考えれば、自ずから感謝の念が沸いてくる。今〝こそ〟、すべての訪日客に、「なんとまあ、ようこそ、おいでいただきました。ありがとう!」という、心からの感動、感激、感嘆、尊敬、そして何よりも感謝の念を、この「ようこそ!」の一語に込めて、声に出して表現すべき時だと思う。訪日客の耳にはなじみのない(あるいは薄い)、この日本語であえて挨拶してみて欲しいのだ。もし相手から語義を尋ねられたら、上述したような語源の一端を、自分の言葉で胸を張って紹介していただけたらと思う。また、単に言葉の知識のみならず、訪日時の忘れがたい「体験」として持ち帰っていただけるような、「ようこそ!」を具現化したおもてなしを、日本中で実現していきたいと強く願っている。

October, 2011

歴史の中に潜む免税《タックスフリー》「新」戦略のヒント

(TRAVEL JOURNAL 2011.10.10)

免税と聞いて想起されるのは、国際空港等での「Duty Free」の買い物だろう。Dutyとは関税で、海外産品への課税が免除される。一方、国内の一般小売店で、外客の買い物が免税になるのは、「Tax Free 消費税免税」だ。混同されがちだが、両者は全くの別物だ（消費税の免税は1988年、物品税から消費税への切り替えとともに始まった）。自分も社内でインバウンドを担当するまで、両者の違いを知らなかった。

では、物品税はいつ始まったのか。かつて明治の文豪、夏目漱石も嘆いたとおり、戦前は、戦艦建造費等、さまざまな名目で重税が賦課されていた。ところが、アジアでの戦争遂行のためにはそれでも足りず、37年に物品税が創設された。そしてこの時、時計・宝飾品はもとより、化粧品にまで課税されるようになった
（なお、たばこ税や相続税も日清・日露戦争の時代に新設された。戦争と税金は切っても切れない関係にある。戦争遂行には桁違いに巨額のお金が必要なのだ）。

そして、この物品税の免税制度が始まったのは講和後の52年。当時の外国人は進駐軍の米兵に限られていた。米兵は占領下で税金が免除されており、日本の主権回復後、物品税の課税対象になると日本産品を買わなくなる。そうならぬようにと免税制度が始まった。当時は、当然アジアからの訪日客など皆無。したがって、免税対象者は米兵に限られ、当時、免税申請書式は英語だけで事足りた。

しかし不思議なことに、それから半世紀が過ぎ、アジアからの訪日客が押し寄せる今なお、消費税免税の法定書式は日・英表記のみだ。一番需要のあるアジアの言語には、残念ながら未対応である。また、07年に策定された国の観光立国推進基本計画は、観光免税を活用した訪日旅行振興について一言も触れていない。国による外客免税の対外ＰＲも一切なされていない。観光立国実現には、まさにこうした免税の拡充・整備とＰＲ施策が不可欠だろう。実際、観光免税は、各国の外客集客合戦において、極めて戦略的な位置づけがなされている。インバウンド大国のタイや豪州や香港では、免税が大々的に対外ＰＲされている。

ところで、外客のみ消費税を免除し、さらに免除対象を増やすことは、税収減を意味し、一見、国益に反するような気がするかもしれない。しかし、実際は真逆だ。むしろ、税収増になる。昨年の訪日客１人１回当たりの消費総額は平均20・８万円で、お土産等の購買金額は平均4・8万円だ。消費総額の17%に過ぎない。当然、宿泊・飲食代、交通費等は免税にはならない（食飲料品等、国内で消費されうる物品も免税適用外）。外客免税制度を拡充整備し、上手に海外PRできれば、外客が増え、免税対象外の消費額が増え、関係事業者全体の収入増となり、雇用を生み、法人税や所得税の増収効果をもたらす。免税は、国、国民に等しくプラスをもたらすのだ。

まずは香水等の化粧品を消費税の免税対象に広げるべきだ。実際、当社ドン・キホーテの店頭で、「えっ！　免税にならないの！」と訪日客（もっぱら女性！）に一番驚かれ、がっかりされるのは香水や化粧品だ。先進国の大半が化粧品を免税している。大震災と原発問題によって後退した訪日市場の早期復興のためには、何よりも化粧品の免税対象化と免税申請書式の多言語対応、そして国による観光免税の海外PRが最優先されるべきだろう。

女性が美を求め謳歌《おうか》する姿は平和の象徴だ。そのための化粧品にまで課税したのが、実はアジアでの戦争遂行のためだったという戦前の皮肉《アイロニカル》な歴史を紐解けば、そのアジアからの訪日客が一番、免税の対象アイテムとして求めている化粧品こそ、平和な現代の日本において、免税の最優先対象として検討されてもいいのでは、と強く思う。VISIT JAPAN 成功の鍵は歴史の中に潜んでいる。

November, 2011

風評を吹き飛ばすＦＩＴが訪日市場を牽引する

(TRAVEL JOURNAL 2011.11.7)

３年前、インバウンドの担当に着任した際、最初に覚えた業界用語が「ＦＩＴ」だった。当初、商談中に頻繁に出てくるこの言葉を知らなかった。慌ててネットで調べた。「ＦＩＴ」とは、「Free Independent Travel」の略で、「個人旅行」の意味だ。訪日客のＦＩＴ化については当時から話題になっていた。しかし、ＦＩＴの存在感が格段に増したのは、まさに今年だ。大震災後、訪日市場で団体旅行が激減したなか、夏頃から訪日客数が力強く回復してきた背景にＦＩＴ化の大きなうねりがあった。

ではなぜ、ＦＩＴの存在感が増したのか。中国人の個人観光ビザの発給要件緩和も一つの要因だ。ところが、もっと大きな要因があった。先日の韓国出張時、その答えが見つかった。現地旅行会社の若手担当者が目を輝かせながら、以下のことを語ってくれた。

「上の世代はＦＩＴは儲からないと思い込み、今も団体旅行に頼っている。しかし団体需要はすぐには戻らない。主要顧客層の年配の人々は、震災や原発に関して新聞やテレビのみに頼っていて実態がよく分からず、日本に行こうとしないからだ。また、上役たちは、団体旅行の利益の大きさと馴染みの店の高率キックバックに期待している。しかし、リピーターを外客専門店ばかり連れていくとあきられる。その結果、団体旅行はもっぱら一見さん商売となり、先細る。若い顧客は違う。フェイスブック等を通して安全性を自分で確かめ、日本に出掛ける。確かにFIT商品の利益率は低い。しかし満足したFIT客は必ずリピーターとなり、増えていく一方だ。いずれ利益の総額で逆転する！」

彼の情熱的な弁舌に圧倒された。SNS等の生の情報が、昨年以降チュニジアやリビアで起こったジャスミン革命を生み、訪日市場にFIT革命を起こしている。思えば今年、現地で出会ったタイや北京の旅行会社の若手は、口をそろえてFIT化の胎動を語っていた。今や現地にいながらスマートフォンで即時に日本の実態を確かめられる。ホテルも航空券もネットで手配可能だ。訪日旅行関係者にとって、FIT化のうねりを前向きに捉えるか、後ろ向きに捉えるかが命運の分かれ道になる。もちろん、全部がFITに取って代わるわけではない。いうまでもなくMICE（国際会議等）や教育旅行等の特別な団体旅行は巨大市場だ（なお、団体客も、満足すれば、次回は個人で再訪してくれる大切なFIT予備軍だ）。しかし、旅の本質は本来、冒険だ。自分で計画を立て自分で手配するから楽しい。小説の主人公「騎士ドン・キホーテ」も『奥の細道』の芭蕉も、17世紀のFIT

の旅人だ。マスツーリズムは現代特有の旅の形態で、昔はＦＩＴしかなかった。ツーリズムが成熟すればするほど、旅の形は歴史の原点に戻っていく。

では、今後ＦＩＴのうねりにどう対処していけばいいのか。忘れてならないのは、ＦＩＴの場合、一企業や単一自治体で取り組んでも限界があることだ。個人の訪日客に「是非うちだけに来てください」と単独の誘致活動をやっても意味がない。街や地域をも超えた広域連携が重要になってくる。インフラに関していえば、無料Wi-Fiと多言語マップは必須だろう。ＦＩＴ客にガイドはいない。情報は自分で入手しなければならない。今回、原発問題等で一時的に後退したが、本来、日本はどこよりも安全な国だ。女性が１人で深夜のタクシーに気兼ねなく乗れる国が他にあるだろうか。ＦＩＴに一番必要な要素、それは安全だろう。来年早々にも原発は冷温停止し、マイナスの風評も消失するだろう。ＬＣＣ（格安航空）や格安国際フェリー等の台頭も追い風になる。

「２０１２年は訪日旅行ＦＩＴ化元年になる」。これは予測や予想ではない。確実にやってくる未来だ。観光立国実現に向けて、今まさに団体中心からＦＩＴを機軸に据えた訪日旅行振興へと、発想の転換が迫られている。

December, 2011

なぜ、インバウンドに取り組むのか？

(TRAVEL JOURNAL 2011.12.5)

国連によると世界の人口は今秋70億人を超えた。一方、日本人の人口は1億2536万人。この5年間で37万人が減った。また、全国1728市町村のうち、実に4分の3（1329市町村）で人口が減少した。少子高齢化も進み生産年齢人口が減少し、消費力が減退した。以前から予測され恐れられていた事態が、ついに現実化したのだ。そして今、「だから、インバウンド振興に取り組むべきだ！　外国人観光客を呼び込んで、国内の落ち込みを埋め合わせすべきだ」というような議論がかまびすしい。

こうした論法でいいのか。もちろん、現況を認識し、打開に向け奮闘することは大切だ。しかし、より一層大切なことは、そもそも「なぜ、インバウンドに取り組むのか？」という問いを立て、官民全体で議論して答えを導き出すことではないか。各地でインバウンド振興セミナーが頻繁に開催されているが、案外、こうした基本的な議論が十分になされていない。

「国内の入込宿泊客が減った。訪日時にはぜひ当県に泊まりに来てほしい」「当店の来店客が足りない。外客にその穴埋めに来てもらいたい」。こうした無意識の思考回路は、たとえれば、忘年会の幹事が「今夜の宴会にキャンセルが出たので、人数合わせに来てくれないか」と誘っているようなものだ。実際、そんな身勝手な誘いに喜んで応じる人がいるだろうか。S・R・コヴィーはかつて、人間の思考を、「豊かさマインド（この世界には、天与の資リソース源が無限にあふれているという考え方）」と「欠乏マインド（世の中の資リソース源は有限であり、他から奪わないと取り分がなくなるという考え方）」の２つに分類した。先ほどのインバウンド振興の論理が、後者の「欠乏マインド」に陥っている可能性はないだろうか。

バブル崩壊後、日本の経済成長が停滞したこの10年間に、中国をはじめ、アジア各国は著しい経済成長を遂げ、10年前にアジア全体のGDPの総和よりはるかに大きかった日本のGDPは、04年にアジアに抜き去られ、今やアジア全体の半分にも満たなくなった。同時に、アジア各国の国民所得は著しく伸び、その結果、海外旅行熱が沸騰し、アジア域内に巨大な海外旅行市場が生まれ、訪日旅行も伸張した。今や「日本とアジア」という主観的な視点から、「アジアの中の日本」という客観的な視点への転換が求められている。

しかし、われわれの思考枠は、今なお「アジアはアジア、日本は日本、日本はアジアの外にある」という発想のままだ。日本とアジアを分け、国内の落ち込みをアジアの需要で穴埋めしようとする「欠乏マインド」では、インバウンドの成長は難しい。アジアと共に成長していくという決意が必要だ。「豊かさマインド」に立ち、不足分を外から補うという発想を止め、アジアの域内そのものを、大きな旅の経済圏、いわば「メガ旅行圏」と捉え、奪い合うのではなく、無限の成長を共に促進し分かち合う、という発想が求められている。

では、具体的に何をすべきか。それはインバウンド振興を声高に叫ぶ前に、今まで以上に日本人もアジア各域に海外旅行にでかけるよう、アウトバウンド振興を図ることだ。訪問し訪問され、相互に深く交流する。この海外旅行におけるイン&アウトの両方が活性化しない限り、日本の各地域とアジアを結ぶ航空会社や国際クルーズ船の増便は難しい。アウトバウンドの振興なしに、インバウンドの隆盛はない。

「なぜ、インバウンドに取り組むのか?」という問いは、「なぜ、観光立国を目指すのか?」と言い換えてもいいだろう。「観光立国」とは、「豊かさマインド」に基づいた、海外との「旅の自由貿易圏」の実現を通して永続的な共存共栄を目指す国家戦略といえるのではないか。これが私見ながら、冒頭の問いへの答えである。新興国へのビザ発給要件の撤廃の前に、まずわれわれの思考の中の内外障壁の撤廃が求められている。

January, 2012

訪日市場はブルー・オーシャンか?

(TRAVEL JOURNAL 2012.1.16)

05年の『ブルー・オーシャン戦略』出版以来、「レッド・オーシャン＝有限のパイを競争相手と奪い合う血潮に染まった赤い海」と、「ブルー・オーシャン＝新たに創造される、無限の青い海」という、対《つい》の概念が広く流布した。そして同書は、前者の「レッド・オーシャン」を抜け出し、後者の「ブルー・オーシャン」に乗り出すためには、バリューイノベーション（価値・革新）が不可欠で、これを成し遂げれば競争のための過重なコストとのトレードオフ（妥協的交換）から開放されると説き、大きな話題を集めた。

ところで訪日市場はブルー・オーシャンなのか。はっきり言おう、現状のままでは訪日市場はレッド・オーシャンに陥る、と。アジアのGDP伸張に伴い、アジア全域で海外旅行ブームが起こり、日本も03年から、ビジット・ジャパン・キャンペーンを展開し、09年までに訪日市場は47・6％成長した。しかし実は、アジアの海外旅行市場はその間に53・3％伸びている（UNWTO資料）。アジア全体の伸びに日本は遅れをとっているのが実態だ。また、観光庁・自治体・民間事業者が個々に海外PRを展開し、誘致活動を熱心に続けている。しかし、バリューイノベーションを伴わない、個別の、しかも互いに似通った提案をしても効果は薄く、国内や競合国間での価格競争に巻き込まれ、過大なPRコストとのトレードオフを強いられている。官民・民民の連携もまだ満足な状態とはいえない。今のままでは、競合の血潮の海から抜け出すのは容易でない。

ではどうすれば、ブルー・オーシャンが実現するのか。まず何よりも、国の省庁ごと、また各省の地方出先機関ごと、自治体ごとの細切れのインバウンド振興予算を、もっと一体的かつ高効率に活用する仕組みの創設が必要だ。また、訪日旅行振興のための在外公的機関のうち、非効率な欧米の海外拠点を集約し、アジア拠点の思い切った増設を進める必要がある。なお、民間でいえば、インバウンドに対応した、自社のコアコンピタンス（競争力の核心）の再確認と独自サービスの構築、明確な中・長期目標の設定、専門人材の育成と専門組織の創設、そして国・自治体・地域との深い有機的な連携が不可欠だろう。

しかし、ブルー・オーシャン創造のための、真のブレークスルーの鍵は、それら個々の施策にあるのではない。江戸時代の日本は「鎖国」をしていたとされる。しかし実際、日本は「国を鎖《くさり》で閉ざし、海外との交流を一切遮断」などしていなかった。長崎・琉球・対馬・蝦夷では、海外との貿易や交流が連綿と続けられていた。では、鎖国の本質とは一体何だったのか。それは諸藩の対外交流や貿易を厳禁し、海外との窓口をすべて徳川幕府が独占することにあった。一握りの為政者が対外権限を独占し、一般庶民の心に鎖のような呪縛を植えつけ、われわれを他国から隔離したのだ。この体制が2世紀半も続いた結果、開国後もわれわれは、海外交流は一握りの人が担うものであり、自分は関係ないという無意識の思考に陥った。今、必要なのは、この心の中の鎖を断ち切るという、バリューイノベーションを実現することだ。観光立国を目指す日本において、今や海外の人々との交流は特定の人々の役割ではない。国民全員の役割なのだ。

われわれが鎖国の呪縛から自由になり、アジアや世界との交流が全国民的なテーマとなったとき、わが国は途方もない無限の大海原《ブルー・オーシャン》に出会うことだろう。12年が訪日市場のブルー・オーシャン化元年になることを心より祈念してやまない。そして再び南蛮船が日本に押し寄せ、勇敢な日本人が中韓はもとより、朱印船で遠くシャム（タイ国）にまで貿易に出かけた、あのアジアの大航海時代の気分に回帰し、官民一体となって観光立国の実現に向けて邁進したい。本来、日本列島は周囲を豊饒な青い海《ブルー・オーシャン》にぐるりと囲まれているのだから。

February, 2012

訪日市場の成長を阻む言葉のカベ

(TRAVEL JOURNAL 2012.2.13)

昨年の訪日外客数は約622万人だった。10年の821万人から27・8%の大幅ダウンだ。大震災と原発事故がもたらした過去最大の下げ幅である。今年の目標は、まず訪日客数を10年の水準に戻すことだろう。しかし、観光立国を目指すわが国の年間外客数の目標は3000万人だ。達成への道のりはいまだ遥かに遠く険しい。確かに、3・11の大震災がもたらした傷跡は深い。そして原発の最終処理には長い年月がかかる。だが、これらの問題もやがて時間が解決してくれるだろう。また中国人への個人観光ビザの発給要件緩和が今後さらに進むのは間違いない。では、訪日市場の成長の一番の阻害要因は何か。それは他でもない、言葉のカベである。

島国の日本は、四方を海に囲まれ、直接海外の人々と交じり合って生活することなく、遣隋使や遣唐使の時代以来、大陸から漢字を輸入し、独自の表記文字である仮名を生み出してきた。前回も言及したとおり、「鎖国」時代には、海外との直接交流を江戸幕府に厳禁され、庶民は対外交流から隔離されていた。長崎の出島等での海外との交流はもっぱら、「通詞（つうじ）」と呼ばれる世襲の通訳者のみが担い、一般市民にはオランダ語や中国語等の外国語をしゃべる自由も必要もなかった。しかし、観光立国をめざす、これからの日本では事情が違う。外国語によるコミュニケーション能力こそ、全国民が基本的に身に付けるべきものとなるのは間違いない。

幸い、今年度から小学校の学習指導要領が改定され、公立の小学校5年生から週1コマの外国語活動が必修となった。これは大きな一歩だと思う。ただし、残念ながら、習うべき外国語は英語に限定されている。もちろん、英語は世界の共通言語であり、英語力の重要性について疑問の余地はない。一方、訪日客の圧倒的多数は中国語圏と韓国からだ。11年の、これらの国からの外客の合計シェアは実に約7割（67・2％）。この比率は今後増えることはあっても減ることはあるまい。ところが実のところ、彼らの大半はそれほど英語が堪能ではない。英語対応だけでは済まないのだ。したがって、訪日市場の各現場では、中・韓の語学能力が切実に求められている。だが、義務教育課程でそれらの言語に触れたことのある日本人が皆無に等しいなかで、その習得のための研修を、各民間企業で独自に実施するには、莫大な時間とコストがかかる。特に人材の流動性の高いサービス業では難しい。言葉のカベが、移動・宿泊・観光・ショッピング・食事等のあらゆるシーンで訪日客の顧客満足度を下げ、観光立国の実現を阻んでいる。
では、この言葉のカベを乗り越えるにはどうすればいいのか。それは、全国民がアジアの言語を英語に次ぐ第2外国語として、義務教育課程において、基礎的な素養として身に付けることだと思う。さすがに、これをいきなり全国で実施するのは難しい。現実的な方策として、東京など、まず訪日客の多い特定地域を選び、「(仮称)国際語学教育特区」等を設けてみてはどうか。たとえば英語を第1外国語として、低学年から週2コマ習い始める。そして第2外国語を高学年から週1コマ追加する。第2外国語は中国語・韓国語から選べるようにする(実際、中国や韓国の特定地域ではそうした教育制度がすでに実現している)。

こうした試みが成果に結びつくまでには時間がかかるだろう。しかし、そうした特区での取り組みは、東アジアで大きな話題となり、その地域への直接的な外客誘致の効果をもたらすに違いない。そして、そうした試みの中から最適なものを選び、全国レベルに拡大していく。やがて、こうした戦略が、中長期的には言葉のカベを瓦解させ、観光立国実現への最短距離となることだろう。言葉のカベが取り払われれば、日本は必ずや東アジアの国際交流のハブとなり、観光大国となるに違いない。

March, 2012

外国人観光案内所の未来予想図

(TRAVEL JOURNAL 2012.3.12)

学生時代、お金はなかったが、体力と気力だけは有り余るほどあった。海外の未知の文化との触れ合いを求めて世界の各地を旅した。重い荷物を背負って道に迷って途方に暮れたり、料理の香辛料が辛くて死にそうな目にあったりと、文字どおり刺激的な体験をあれこれした。四半世紀が経った今でも当時の貧乏旅行を楽しく思い出す。その頃、アジア等では未整備だったが、ヨーロッパの都市ではすでに、小さな町にも外国人用の観光案内所（ＴＩＣ）が整備されていた。国境を越えて気ままに旅ができた。駅を降りて、まずその町の観光案内所に立ち寄る。すると、スタッフの方が懇切丁寧に街を案内してくれた。それが楽しくて仕方がなかった。宿の事前予約はあえてせず、現地到着後に宿を探した。今でも、旅に出かけて真っ先に目指すのは、観光案内所だ。立ち寄るだけでもわくわくする。そして必ず入手するのが、その町の地図だ。

一方、当時は想像すらできなかったが、いまやネット全盛の時代だ。ＰＣやスマートフォンで宿の事前予約が可能だし、詳細な情報が瞬時に分かる。では、現代にＴＩＣはもはや不要なのだろうか？　いや、それは違うと強く思う。どんなにネット化が進んでも、やはり双方向の生のコミュニケーションは不可欠だ。旬な情報は、やはり現地にしかない。そして、観光とは本来、人と人との触れ合いだ。ＴＩＣのスタッフは、その街のコンシェルジュだ。

今年、日本政府観光局（ＪＮＴＯ）のＴＩＣが、東京の有楽町から丸の内に移転した。先日、視察に出かけてきた。尽力されている関係者の皆さんには大変申し訳ないが、残念ながら期待以上でなかった。立地こそ良くなったと思うが、観光立国の最前線基地としては力不足感は否めなかった。まず規模が小さい。そして十分な数の外国語マップが系統的かつ網羅的に展開されているとはいえない。また、開所時間が9～17時と圧倒的に短い。

先日、韓国ソウルの韓国観光公社本部のＴＩＣを視察した。完全とはいえないまでも魅力的な施設だった。まず、規模が桁違いに大きい。膨大な数の観光マップの展示棚や韓流スター・医療観光・韓国古美術品のコーナー、韓国料理の体験ブース、大きな訪韓旅行関係の図書室、コンシェルジュデスク等が網羅されており、時間を忘れて楽しんだ。日本も参考にすべきだと思った。同時に、この韓国の施設をはるかに凌駕するような、アジア、いや世界最高スペックの〝訪日観光の殿堂〟がわが国にも欲しいと心底思った。首都東京には、最低でも今の10倍の規模の施設が必要だと思う。そして、全国主要都市には、これに準ずる規模の、また全都道府県には少なくとも今の丸の内のTIC規模の拠点群を整備したい。もちろん、今の予算規模では不可能だ。増強し、重点配分すべきだと思う。

最後にもう1つ提案したいことがある。それは、全国各地の「道の駅」をTICとして活用するというアイデアだ。道の駅制度は、1993年旧建設省時代、高速道路におけるSAやPAと同等の利便性を備えた休憩施設を一般道路にも設けようとしてスタートした。休憩機能に加え、地域の観光情報発信機能や地域の連携機能を兼ね備えている。人気も高く、今では全国に約1000カ所もある。農産物直売所や地産地消の食堂、地元の名産品の売店等も備わっている。これを訪日観光振興に使わない手はない。全国に300カ所以上ある「ビジット・ジャパン案内所」の外客観光案内機能を、これらの道の駅にも適用すればいいのだ。これには、それほどの予算はかかるまい。

以前にも触れたとおり、これからの訪日旅行の主流は、個人観光客（FIT）だ。FITの訪日客にはガイドはいない。ガイド役を担うのは各地のTICだ。TICの質・量の徹底的な拡充こそ、明日のFIT訪日客の増大と観光立国実現のための最重要戦略ではないだろうか。

April, 2012

東アジアにおけるコミュニケーションの基本

(TRAVEL JOURNAL 2012.4.23)

訪日外客の7割は中華圏と韓国からだ。それゆえ、中国／香港、台湾、韓国について、国別の訪日プロモーションが行われている。しかし、大事なのは国の違いでない。むしろ民族の違いである。中華圏の住民の大部分は漢民族で、韓国のほぼすべてが朝鮮民族だ。それゆえ訪日プロモーションにおいては、この漢民族と朝鮮民族の各々の特性に基づいたアプローチが重要だ。

しかし、日本側はこの事実をさほど意識していない。言葉のカベの向こうに、異民族間の文化のカベがあることに気づいている日本人は少ない。誰もが同族コミュニケーションの延長線上で、異民族の人々と日々交流している。そして、その結果生じるミスコミュニケーションによって、観光立国の実現が阻まれている。

日本では、他者との親疎の関係は、「内（ウチ）」と、「外（ソト／ヨソ）」に二分される。一方、漢民族では、「一家人（親族）／自己人（親友）≒内（ウチ）」と、「熟人（ジュクジン）」と、「外人≒外（ソト）」の3つに分類される。この中で、日本人に一番ピンと来ないのが、内と外の中間にある熟人という区分だ。その定義は難しいが、一言でいえば、「永く付き合いたい人」「心の握手ができる人」である。熟人は自己人ほど親密な関係ではない。しかし、漢人とひとたび、熟人の関係になれば、その関係は永く続く。漢民族は血族の絆とは別に、1人でも多くの（本人にとって）価値ある人物＝熟人という名の他者との社会的な関係を、よく吟味した上で意識的に増やそうと努めているからだ。

日本側は、「よろしくお願いします！」と漢人に名刺やパンフレットを渡して、自分の町や店やホテルを売り込む。そして、魅力的な補助金や割引等の提示をして、大概それでお終いだ。もちろん、うまくいくことも少なくはない。しかし、その関係はいまだ「外人」の関係でしかない。中国では組織対組織ではなく、あくまでも人対人だ。組織人として相手に接しても、熟人の関係には到達しない。それゆえ、一度うまくいったとしても、もっと魅力的な提案が他からあれば、簡単に乗り換えられてしまう。実際、数回商談や食事をしただけで、熟人の関係になることはまずない。自らが主体的に熟人の関係となるよう望み、努力し、また相手からそのように求められる存在にならない限り、真の熟人の関係にはなれないし、ビジネスも成功しない。

次に朝鮮民族を考えてみよう。われわれにやや似ていて、朝鮮民族の親疎の関係は「ウリ＝内（ウチ）」と「ナム＝外（ソト）」の2つに分類される。枠組みはやや日本に近い。

しかし日本と違う点がある。ウリは不安定な関係であり、いったんウリの関係になっても、努力せず相手を放っておけば、いつの間にか疎遠な元のナムの関係に戻るものだと朝鮮民族は思っている。それゆえ、日本であれば、いったん「ウチ＝仲間」となったら、ふつう何年経っても懐かしさと共に相手をウチの人として遇するが、韓国では違う。〝去る者は日々に疎し〟となる。この部分は漢民族とも大きく異なる。それゆえ、韓国でのプロモーションは継続こそ命だ。震災と原発で訪日客数が減ろうと、朝鮮民族との親密な対話だけは絶対に欠かしてはならない。

訪日市場のさらなる振興のためには、何より相手の民族文化に関する深い理解が不可欠だ。もちろん漢民族や朝鮮民族に限らない。世界のすべての民族についても同じだ。まず相手の民族文化を深く理解し、その知識に基づいた、最適化したコミュニケーションを心がけるべきだ。相手の文化に関する深い理解に根ざした交流なくして、観光立国の実現は不可能なのだから。

May, 2012

進化が迫られている〝先進国〟ニッポン

(TRAVEL JOURNAL 2012.5.28)

過日、中国・上海近郊の観光地「烏鎮(ウーチン)」に視察に赴いた。上海からバスで数時間かかる、清朝時代の佇《たたずま》いが残る片田舎だ。ところが、街中の公衆トイレは、驚愕するほどきれいに整備されていた。以前の中国のトイレはどこも酷かった。しかし、いつの間にか急速な進化を遂げている。片や日本の有名観光地の中には、いまだに臭い、汚い、和式便器のみのトイレが山ほどある。日本は中国に限らず、アジア各国の観光地のトイレ整備に追い抜かれつつある。使う側の日本人のモラルも低下している。

訪日振興においては、特定観光地のトイレ等インフラを整備し、観光業界のスタッフの質のみ担保すれば済むというものではない。日本全体、すなわち日本全土の環境と日本人の民度全体が訪日観光の重要な要素だ。ところが実態として、わが国の公共インフラは劣化しつつあり、中央分離帯や路側帯が草ボウボウの道路が国内至るところにある。また荒廃した施設が道路脇に汚く放置されている場所も目立つ。そして、悲しい現実ながら、老若男女を問わず、日本人の公共マナーの低下も加速している。

個人旅行（ＦＩＴ）の訪日外客にとって必需の交通手段の一つはタクシーだが、日本のタクシーの品質が最近アジア諸国に劣り始めた。車内がタバコ臭いことも少なくない。一部のタクシー運転手の接客レベルの低さも目に余る。国内のタクシー料金がかけ離れて高いうえ、質でも負けつつある。タクシーの後席シートベルト着用義務遵守度も低い。これは乗客側の問題だ。

もう一つ気になるのは、日本人の、公共の場所での喫煙率の高さだ。たとえば台湾では、すでに09年、煙害防止法が施行され、ホテル・飲食店等の公共の場所での喫煙が完全に禁止されている。違反者には最高1万台湾ドル（約2万８０００円）の罰金が科される。日本は大きく遅れており、街中が未だタバコ臭い。最近、アジアの各都市に出かける度に、空港・駅等の施設の急激な進化・変貌ぶりに加え、何気ない道路脇の街路樹や花壇などの環境整備のレベルアップぶり、一般市民のマナー向上、タクシー車内の美化や飲食店等の接客レベルの向上ぶりに目が向く。豊かになったアジアの急速な環境整備と民度の向上により、相対的に先進国ニッポンの地位が脅かされつつある。こうしたニッポンの質の後退と劣化に危機感を覚えているのは、恐らく自分だけではあるまい。

観光立国実現に向けて、訪日客の満足度向上が最重要課題だ。そもそも、アジアからの訪日客は、洗練された文化と〝先進国〟らしさを求めている。〝憧れの国〟、先進国ニッポンの質が揺るぎ、侮《あなど》られるようになれば、日本は後がない。ただ、物価だけ高い割高の国になる。事実、近年の中国からの訪日客の主流は大都市圏から地方圏の人々にシフトしつつある。危険な兆候だ。上海の超富裕層は日本をパスして欧米諸国に向かっている。

もちろん目に見える外的な整備は必須だろう。しかし観光立国は、ただ表面的に立派な箱モノ・交通インフラ等を整備し、カジノを解禁し、ビザ発給要件を緩和し、派手に海外プロモーションをするだけでは実現しない。むしろ先進国ニッポンの住人であるわれわれ、日本人全員の魂の中の、本来の高いモラルの復活と、洗練された公共マナー・高質なおもてなしの心を深化させていくことによってこそ実現される、と思う。そして、観光立国を目指し、訪日外客の高い期待レベルに応えていくプロセスそのものが、全国民が自覚的に自らを見つめ直し、われわれが本来の誇りを取り戻していく上での大きなきっかけとなるのだ。

June, 2012

日中国交正常化40周年に思う

（TRAVEL JOURNAL 2012.6.25）

40年前の9月29日、「日中共同声明」が宣言された。そう。今年は日中国交正常化40周年の年だ。そして日中国民交流文化年でもある。すでに交流事業が目白押しで、日中合作映画が多数製作上映され、日中関係をテーマにした出版物も数多く出版されている。先日、その中でも、とりわけ注目を集める服部龍二氏の著書『日中国交正常化』（中公新書）を読み終えた。前評判に違わず、読み応えのある本だった。同書では、日中交渉の緊迫した過程が、精緻な史実検証に基づき臨場感たっぷり描かれていた。田中角栄首相、大平正芳外相、周恩来首相、姫鵬飛外交部長（いずれも当時）、およびその舞台裏を支えた日中の外務官僚たちの、まさに命懸けの攻防が綴られていた。彼ら先人たちの努力と胆力、勇気と決断力がなければ、おそらく両国間の国交回復は大きく遅れ、今日の貿易振興もならず、東アジアの平和と安定は実現していなかっただろう。また、そうした安定がなければ、今の訪日市場の隆盛などなかったに違いない。

大平外相が遺書を書いて訪中したエピソードは有名な話だ。日中双方の反対派からのテロが懸念されていた。日本国内の右派、反共勢力、中国国内の反日派等が注視するなか、双方とも共同声明の文面において安易な妥協は一切許されず必死だった。日中の合意は命がけのパーソナルな人間同士のぶつかり合いの中で結実した。

先日、上海市内で訪日旅行業界の人々と交流した。その席で、ふとしたことから、彼らの日本留学時代の思い出話になった。彼らは文化大革命時代を経て、日中の国交回復後の改革開放政策により日本に留学した第一世代だった。彼らは渡日後、彼我の圧倒的な経済格差を目の前に、なぜ日本が先進国となり中国が大きく遅れているのかに強い関心があったという。そして口々に、「日本には福沢諭吉と渋沢栄一が現れたが中国にはいなかった。だから夢中になって『学問のすすめ』『福翁自伝』『論語と算盤』を読んだ」と語った。その夜は福沢や渋沢の人生と思想をテーマに盛り上がった。福沢や渋沢の本は、今や日本ではほとんど読まれていない。

彼らは当時、そろって苦学生だった。下宿先の日本人のおかみさんが作ってくれた味噌汁の味、さまざまな親切を思い出すと、今でも涙がこぼれるという。その中の1人が語りかけてきた。「いいですか。僕らはただの商売だけで、訪日旅行業をやっているんじゃない！もちろん、仕事だから、食っていくためでもある。でも恩返しの気持ちがなかったら、たぶんこの仕事は続けていない。上海の皆さんに、あの頃、僕らが体感した日本の魅力を伝えたくて、この仕事に携わっているんです！」。この言葉を聞き、自分の中に熱いものがこみ上げてきた。当時、彼らを親切にもてなした日本人の心遣いに頭の下がる思いがした。そして上海の、こうした熱い思いをもった人々と一緒に仕事ができることにあらためて感謝し襟を正した。この日の対話が、自分の中国における業務の質を深めてくれた。

自分自身、ともすれば、目の前の売り上げの数字、成果の追求に追われがちだ。しかし、今年はこの40年の歴史、特に日中間の交流の歩みと、その間に蓄積された人々の触れ合いに思いを馳せるべきではないかと思う。もちろん、日中間に限ることではない。深い相互理解への努力を、近隣の国々、そして世界中の国々との間で積み重ねていくべきだろう。そうした努力こそが観光立国へと続く王道だと思う。膨大な予算を費やして表面的なプロモーションを行い、表面的に売り込みをかけるだけでは、目標に到達することなど不可能である。

July, 2012

外客誘致イベントの効果はなぜ薄いのか

(TRAVEL JOURNAL 2012.7.23)

昨年は大震災と原発問題により、外客誘致イベントが激減した。今年になり、ようやく各種の誘致活動が息を吹き返してきた。当社も限られた予算の中であれこれ工夫して、海外イベントに参加するようにしている。効果的なイベントに参加すれば、自社単独では得がたい大きな成果があるからだ。しかし、残念ながら周りを見渡すと、官民共に多大な予算と労力を費やしながらも、今なお望むほどの成果が得られていないケースも多い。今回は外客誘致イベントを、商談会と旅行博覧会に分けて、それぞれの問題点を探り、今後どうすれば成果を生み出せるかを考えてみたい。

海外での現地旅行会社との商談会は、参加する旅行会社の数と質が問題だ。訪日旅行を手がけているのは零細企業が多い。会社が大きくても訪日旅行部門が小さいことも多い。それゆえ、商談会自体に魅力がないと、先方もスタッフを割こうとせず参加してくれない。また、イベント主催者が現地との深い信頼関係を築けていないと、来場してくれても、責任者ではなく、アルバイト程度のスタッフが派遣されてしまう。これでは、双方共に全く意味がない。セラー側が熱心に説明し、商談会は一見うまくいったように見えても成果は出ない。権限のないバイヤー側のスタッフには、訪日旅行商品の造成も、送客も不可能だからだ。

海外の旅行博覧会への出展は、商談会以上に難しい。見かけ上、大盛況のブースがある。しかし、単なるノベルティ等モノ欲しさの来場者が群れているだけだったりする。よくあることだが、パンフレットを来場者にどんどん手渡して、大いにPRできたと錯覚する。ところが押し付けられたものは、後で簡単に捨てられてしまう。手渡すよりカウンターに置いて、来場者自ら手に取るようにしたほうが効果的だ（それでも手に取ってもらえないようなものは、そもそも販促ツールとして機能していない）。自治体ブースの場合は民間のサプライヤーと共同出展しないと、抽象的な地理案内に終始することになり、具体的な訪日旅行の動機付けにならない。必ずホテルや運輸事業者や観光施設と共同出展すべきだ。官民の連携が不可欠となる。

海外の旅行博覧会の課題はブース内にとどまらない。アジア各国は統一テーマに基づいた巨大パビリオンを出展している。一方、日本の展示スペースは、細切れ、いや文字どおり小間切れで出展募集されるため、展示主体はバラバラだ（震災以降出展者が減り、日本の展示エリアは小規模化した）。本来、インバウンド誘客において、ライバルは国内の観光地ではない。アジア諸国をはじめ、世界が日本のライバルだ。ところが日本エリアは、これらの国々と違い各ブースの羅列となっているため、現地の来場者目線で見た時、日本館というイメージには程遠くますます存在感が薄い。今後は装飾等の展示の設えのみならず、運営体制を含めオールジャパンのパビリオン出展をぜひ模索したい。

最後に不都合な、しかし深刻な真実について報告しておきたい。旅行博覧会の日本のブースでは、初日か2日目までは責任者が顔を出すが、すぐ帰国してしまう。会期後半は現地のアルバイトスタッフに丸投げされる。彼女らはブースで立つこともなく、いすに腰掛け、夕方の展示終了時間前にはいなくなる。その事実はほとんど知られていないと思う。日本エリアはいつも会期後半にはブースが歯抜けになり、場合によっては捨てられたパンフレットでゴミ屋敷と化し、よその国のブースから冷笑されている。観光立国への道は険しい。

August, 2012

外客誘致の前に取り組むべきこと

（TRAVEL JOURNAL 2012.8.20-27）

　今春、韓国に出張した際、ソウルの観光関係者から興味深い話を聞いた。韓国中部の全羅北道《チョルラプクト》の国際観光シンポジウム会場で、域内のある観光地の観光客誘致担当者から相談があったというのだ。「少子高齢化等で韓国内の観光客が減っている。どうすれば外客を増やせるのか」。この問いを受けて、その人は逆に質問したという。「外客誘致の前に、あなた方は地元客を増やすどんな工夫をしているのか。ソウル等の大都市からの国内客を増やすどんな努力をしているのか」と。相手は返答に窮したという。

　この話は断じてよそごとではない。同じ思考回路に陥っている日本の関係者も少なくないのではないか。地元の、国内の観光客が減った。だからその分を外客で埋めようという発想は、短絡的な「欠乏マインド」だ。「豊かさマインド」からはかけ離れた発想だ。実際、皆さんは、上記のような地元客や韓国の大都市圏の人々の足が遠のいた、隣国の観光地にあえて日本から旅をするだろうか。答えは明白だろう。翻ってわが身を思えば、外客誘致の前に、地元や国内で取り組むべき施策は山ほどある。それなしでは、どれだけ外客誘致に注力しても結果は厳しい。

先日、九州の鹿児島に出向いた。新幹線の全線開通効果による特需にも今や翳りが見えているという。それゆえ、外客誘致に向けた地元の関係者の鼻息は荒かった。インバウンドの視点から見て、鹿児島市内は都市の利便性に加え、雄大な桜島の景観や幕末維新期の遺跡旧跡群があり、魅力的だ。一方、過疎化した薩摩半島南部の観光資源は限定的だ。そんななか、なでしこジャパンの澤選手の参拝がきっかけとなり人気が急騰したという「釜蓋神社」、天然のタツノオトシゴの生息地「番所鼻自然公園」などを視察した。現地では、精悍なユニフォーム姿の、ボランティアガイドの好青年がわれわれを熱心に案内してくれた。青空の下、優美な開聞岳と紺碧の海と濃厚な緑のコントラストが印象的だった。強い日差しのなか、気持ちのいい風が吹き抜けていた。地元の親子連れは磯遊びに夢中だった。駐車場には福岡等、県外ナンバーの車が散見された。ふと見ると、赤いバイクの郵便局員と、ガイドの青年が、互いに笑顔で挨拶を交わしていた。ああ、いいな。観光が地元の暮らしと密着している感じがした。ガイドの青年が誇らしげに胸を張った。「精一杯ガイドして、観光客に喜ばれるよう努めてきた。お客さんが増えた。昨年、県が公園の歩道の舗装とベンチを整備してくれた。ごほうびをいただいた気分です」と満面の笑顔。

官民の連携がうまくいっているな、と実感した。自然の美しさは別として、施設群はそれほど規模壮大でなく、目を驚かせるものでもない。しかし地元のほほ笑ましい熱気と賑わいがあった。県外からも来客が増えているという。地元民・国内客からの支持と賑わいは、海外の人々にも魅力的に映るはずだ。また今春、直行便が開通した台湾からの訪日客が、最近薩摩半島南部にも増えているという。鹿児島のインバウンドの大きな可能性と観光立国への胎動を感じた。

最近、国内各地で、人気が凋落している観光地に出くわす。あまりの落魄ぶりに胸が痛む。共通するのは観光施設が地元民の暮らしから乖離していること、民民・官民の連携が欠けていることだ。莫大な費用をかけて外客誘致のための海外セールスをする前に、まずは地元住民に愛され、住民が集う賑わいをつくり、国内大都市圏からも観光客がやってくるだけの魅力を創造することだ。外客誘致成功の基盤は、地元の熱気あふれる連帯と、国内の観光振興へのたゆまぬ努力によってこそ創り出されるのだから。

September, 2012

「老いゆくアジア」を救う「旅＝交流」の力

(TRAVEL JOURNAL 2012.9.24)

アジアは今、急速に老いつつある。こう言うと恐らく皆さんは、「えっ、アジアが老いてゆくって。まさかそれは違う。高齢化していくのは日本でしょう」と、反駁したくなるのではないだろうか。しかし残念ながら訂正の必要はない。日本はもちろんだが、事実としてアジア全体が今、急速に老い始めている。

実際、先日韓国のソウルのタクシーに乗った際、初老の運転手に現地の結婚事情を尋ねてみた。すると彼は、「韓国では晩婚化が進み、出生率が落ち、人口が減り、経済が大変ですよ」と嘆いた。そして同乗していた当社の20代の韓国人の女性スタッフに、不躾に大きな声で「アガシ！　早く結婚してたくさん子供を産まなきゃだめだ！」とお説教を始めてしまった。

あまり知られていないが、すでにＮＩＥＳ（韓国、香港、台湾、シンガポール）の出生率は、日本（1・4）より低くさらに低下している。そしてＮＩＥＳ、中国、タイの人口ボーナスの効果が、あと数年で終わる。ちなみに人口ボーナスとは、出生率低下に伴う生産年齢人口（15～64歳）の人口比率の上昇が、労働投入量増加と国内貯蓄率上昇をもたらし、経済成長を促進するという考え方だ。それゆえ、この人口ボーナスが終わることで、これからアジア全体が急速に老齢化し、経済は活力を失い、その影響が深刻化する。

では、この老いてゆくアジアの中で、われわれはどのように考えて行動していくべきか。そして、どのような解決策があるのか。結論を先に言おう。観光、すなわち「旅＝交流」の力がアジアを救う、と。もちろん、観光だけですべてを解決できるわけではない。しかし、交流人口の伸張は、減り続ける定住人口を補完しうる大きなポテンシャルを持っている。

言うまでもなく日本は、アジアで唯一の先進国である。人口ボーナスは戦前の１９３０年代に始まり、これが１９９０年ごろまで異例の長さで続いた。日本は、高齢化社会を迎える前に経済成長を遂げ、先進国の仲間入りをした。しかし中国をはじめ他のアジアは違う。先進国化する前に老化していく。やがて現役人口が老齢人口を支えられなくなると、貧しい老人層が増える。先に高齢化した日本はアジアの長兄だ。誰よりも先に老いる日本には、わが国のことだけでなくアジア全体の未来を担い、これを導く使命がある。

問題解決のキーワード。それは「観光」だ。日本が観光立国を実現し、そのノウハウをもとに、アジア・メガ観光交流圏をアジア全体で提唱していく。定住人口減少国同士が国際交流し、交流人口を互いに増やす。一般的な観光と定住の中間に位置する交流居住（旅によるマルチハビテーション）という考え方があるが、これをアジア全域に適用することも大事になる。もちろんイン＆アウト両方だ。これは、旅＝交流の力によって、アジア圏における有効需要を最大化するという経済だけの話ではない。旅＝交流の力は、人の人生の質、ＱＯＬ（Quality of Life）を高めることにも寄与しうる。多様な文化や暮らしに触れることで人生の豊かさは何倍にもなっていく。高齢化社会ではＱＯＬが極めて重要だ。

わが国の観光立国という理念は、欠乏マインドに依拠した、独りよがりな考え方では実現しない。実態として、これまでの日本は観光後進国だったのかもしれない。しかし、大きく視野を広げ、世界の現実、そして未来を見据え、発想を大転換しさえすれば、われわれは、アジアの観光先進国にあっという間に変身し、そのリーダーになりうる資質もまた同時に持っている。アジアの老後を導く責務は、われわれ日本人が担っているという事実を忘れてはならない。

コラム初出　「週刊トラベルジャーナル」２０１１年4月~２０１２年9月

P．２６４写真　ソザイング http://sozaing.com/

あとがき

「まえがき」にも書いたとおり、インバウンドという分野は、まったくまだ始まったばかりだ。それゆえ、どこにもその全体を知った人はいない。自分自身も、今もって知らないことだらけである。知らないことよりも、知っていることのほうがはるかに少ない。

ただ、世の中には、「中国のインバウンドはこうです。台湾市場はこう攻めるべきです。韓国市場はこのとおりです。日本のインバウンドインフラはこうすべきです」……などといったような、インバウンド成功のための、唯一の「正解」や「解決策」がまるで、本当にあるかのような話をする人いる。これは、違うと思う。そんなものは、断じて、ないのだ。

今回の本は、そうした決定版的なものでも何でもない。ノウハウ本でもない。ただ、この4年有余の、自らの、そしてドン・キホーテのインバウンドプロジェクトのささやかな歩みの中で、悩み、惑い、苦しみながら、考えてきたことを報告しているに過ぎない。

読了いただいた方に、もし考えるヒントになるようなものを、ただの一つでも提供できたとしたら、それは望外の喜びである。

今から２４００年以上前の世界を生きた、古代ギリシアの哲学者ソクラテスは、言った。「最高の賢者とは、自らの知恵が実際には無価値であることを自覚した者である」と。いわゆる、「無知の知」の教えだ。自分は何も知っていないことを、知っていること。この強さこそが、真の強さだと思う。

インバウンドの分野に携わって4年間。常に自分を勇気づけてくれた原動力、それはこの「無知の知」が与えてくれた力だった。何も本当には知らないから、もっと知りたい。学んでも、学んでも、奥が深いから、もっと努力して、答えを探す。より良い成果を求めて、今日も明日も、私は世界中を、そして日本国中を、駆けずり回るだろう。そして、より多くの真の友を求め、価値ある出会いを求め、知恵を求め、動き回るだろう。「観光立国」をめざす、すべての人々と共に学び、絆を取り結び、手を携えて、明日のよりよいニッポンを、そして世界を作りたいと願っている。

人生は楽しむためにある。人生を楽しむ方法は、無数にあるだろう。ただその中の最高の一つは、〝旅をすること〟、それも〝行ったことのない国や場所を旅すること〟、そして未知の人々と出会うことではないかと思っている。自分がまだ何も知っていないことを知るには、知ってるつもりの〝既知〟の日常を離れ、〝未知〟の、つまり何も知らない、非日常の中で、自分のあまりの無知ぶりに直面し、同時に自分の無限の可能性に触れてみることこそが、最短・最善の方策だと思うからである。

旅をする誰かが増えることによって、いつの間にか「観光立国」が実現するのではない。訪日客の誰かが何回も、日本を訪れるようになるから、次第に「観光立国」が成就するのではない。新興国から来る人々へのビザの発給要件が緩和されたり撤廃されたりするから、「観光立国」が実現するのでもない。

世の中を変えるのは、抽象的な「誰か」や第三者では、断じてない。それができるのは、ほかでもない、一人一人の「私＝I」であり、そしてその一人一人の「私」が他の「私」と出会い、共感し合い、共鳴し合うことによって生まれる「私たち＝We」なのだ。「私たち」一人一人が、今まで以上に、主体的に人生の可能性を求めて、旅を愛し、旅に出て、日本国中をくまなく、そしてアジア中、世界中を旅し、価値ある人々と出会い、「無知の知」を自覚するようになることによってこそ、「私たち」の、すべての発想・パラダイムが変わり、まったく新しい「観光立国」の実現の基盤が生まれるのだ。

過去の延長線上に、成功はない。知ってるつもりの過去の経験の延長線上に、輝く未来など何一つないのだから。

著者略歴

中村好明（なかむら　よしあき）

株式会社ドン・キホーテ 社長室ゼネラルマネージャー（兼インバウンド地域連携プロジェクト・プロジェクトリーダー）。九州・佐賀県生まれ。上智大学出身。2000年、株式会社ドン・キホーテ入社。販売促進、広報、IR、新規事業推進などの担当を経て2007年より社長室に所属。2008年、ドン・キホーテグループのインバウンド事業推進の責任者に就任。中国、香港、台湾、韓国、アセアンを中心に、欧米等を含むグローバルなインバウンドマーケットの開拓に従事。あわせて全国の自社店舗（226店）の各種インフラの多言語対応化、免税オペレーションのブラッシュアップ、銀聯カード決済・無料Wi-Fi対応拡大、独自のインバウンド実績集計システムの構築、2010年より「ようこそ！マップ」を通した地域の異業種企業・地方自治体との連携事業などを展開し、現在に至る。

Topics執筆

メディア総合研究所

中国が経済的隆盛を見せる初期の段階から、中国市場におけるビジネスサポートを展開。近年においては、訪日促進のPRなどを中心に、より実践的なインバウンドサポートを行っている。
お問い合わせは、インバウンドサポート事業チーム ch_info@mediasoken.jp

構成　角田洋平
装丁　遠山香織（On Graphics）
本文レイアウト　明昌堂

ドン・キホーテ流　観光立国への挑戦
――激安の殿堂が切り拓くアジア観光交流圏という大市場

2012年10月26日　初版印刷
2012年11月 1 日　初版発行

著　者　中村好明

発行者　吉野眞弘

発行所　株式会社メディア総合研究所
東京都渋谷区千駄ヶ谷４－14－４
SKビル千駄ヶ谷４Ｆ
郵便番号　151-0051
電話番号　03-5414-6210（代表）
03-5414-6532（出版部直通）
03-5772-9950（インバウンドサポート事業チーム）
振替　00100-7-108593
ホームページ　http://www.mediasoken-publish.net

印刷・製本　モリモト印刷

ISBN　978-4-944124-59-6
四六版(19.4cm)　総292頁